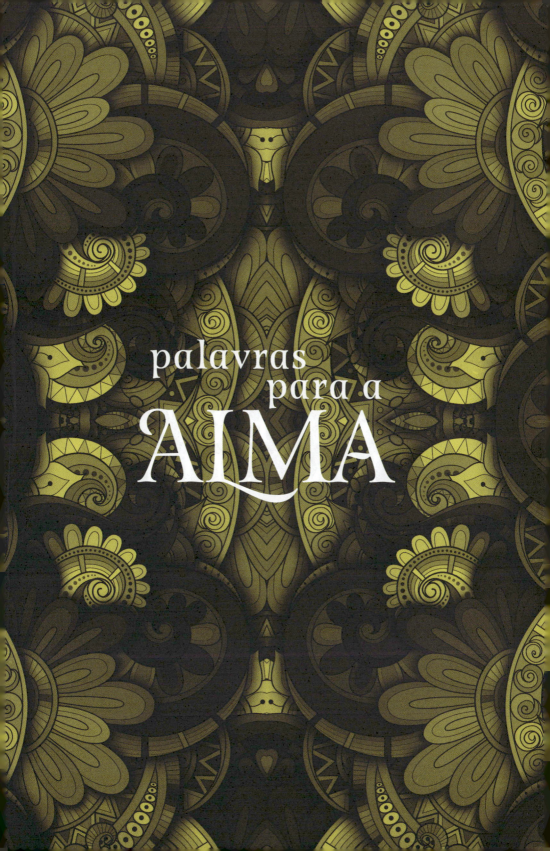
palavras para a ALMA

ANA TEREZA CAMASMIE

CATANDUVA SP 2024

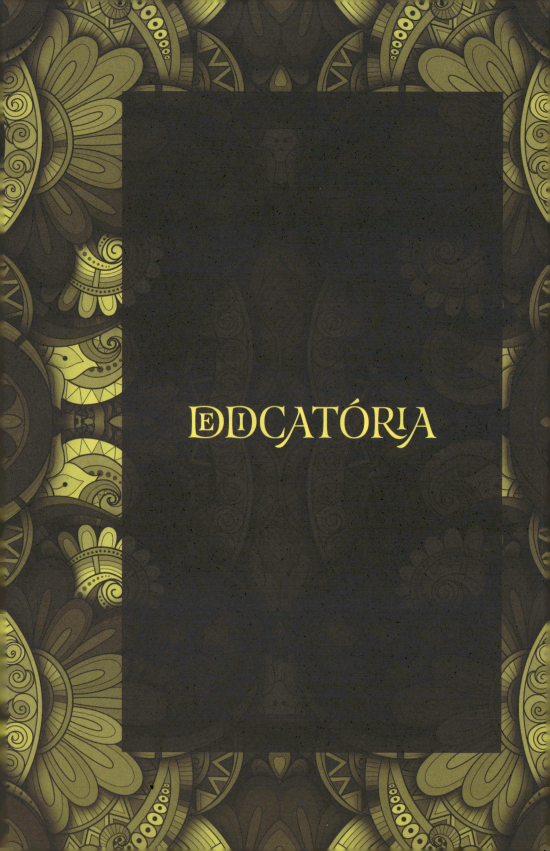

DEDICATÓRIA

Dedico
este livro
ao meu filho caçula,
Bruno Camasmie
e Sá Roriz
cujas chegada e
partida marcaram
minha vida, com amor,
profundamente
e para sempre.

SUMÁRIO

P	PREFÁCIO	14
I	INTRODUÇÃO	20
1	HUMILDADE	28
2	DESAFIOS	34
3	SAÚDE	40
4	PERTENCIMENTO À VIDA	46
5	CRIANÇA FERIDA	54
6	ANSIEDADE	60
7	CONEXÃO COM DEUS	68
8	RAIVA	74
9	DAR E RECEBER	82
10	ALEGRIA	90
11	APEGO	96
12	ORGULHO	102
13	AFETIVIDADE	108

14	AMOR	116
15	TRANSFORMAÇÃO	124
16	INDIFERENÇA	130
17	TALENTOS	136
18	MUDANÇAS	142
19	PRESENÇA	148
20	JULGAMENTO	154
21	PERSISTÊNCIA	160
22	REFLEXÃO	166
23	EVANGELHO NO LAR	174
24	VONTADE	182
25	FINALIDADE DO SOFRIMENTO	190
26	MATERNIDADE E DESAPEGO	198
27	COOPERAÇÃO	206
28	CULPA	214

29	MEDO	220
30	O CÉU E O INFERNO EM NOSSAS ALMAS	228
31	PERDÃO	238
32	CUIDADO DE SI MESMO	244
33	NOSSOS ANIMAIS	250
34	SINTOMAS	256
35	SILÊNCIO	262
36	NATAL	268
37	ANO NOVO	274
R	REFERÊNCIAS BIBLIOGRÁFICAS	282

PREFÁCIO

Fiquei surpreso quando minha esposa me convidou para escrever o prefácio de *Palavras para a alma*. Um prefácio pode ser escrito tanto pelo autor da obra quanto por outrem. Geralmente é colocado no começo do livro, com explicações sobre seu conteúdo, seus objetivos ou a pessoa do autor.

Estudos etimológicos informam que o termo é derivativo do latim *praefatio, ōnis,* e significa "ação de falar ao princípio de". A tradição informa que o autor do prefácio é sempre uma pessoa conhecedora da temática da obra e de seu autor e que, geralmente, convida-se uma pessoa próxima para o cumprimento da tarefa. Então foi aí que entendi porque fui convidado a escrevê-lo: somos de família espírita e somos psicoterapeutas clínicos. Estudamos e vivemos o espiritismo e a psicologia, juntos, há muito tempo.

Entendi também que o prefácio serve de diálogo e de ponte entre o leitor, o autor e o assunto tratado. E que ele é tão importante para uma obra que Pierre Bergé organizou uma antologia sobre o assunto.[1] Bergé se deu ao trabalho de analisar dezoito prefácios de grandes clássicos da literatura mundial e fazer deles o tema de um livro, em que critica e compara tudo quanto compilou. Então, o prefácio pode ser útil e pode ser também um importante objeto de estudo.

Como sugestão, o leitor estudioso do espiritismo poderá utilizar-se deste livro em uma leitura individual ou para leitura dos temas doutrinários, no chamado "Evangelho no lar", pois ele possui ricos ensinamentos morais no âmbito da vida relacional, com segura conceituação, baseada em obras respeitáveis do espiritismo.

---

1. Pierre Bergé. *L'art de la préface*. Gallimard.

Conforme o esquema adiante, podemos dividir os temas abordados neste livro em dois grupos: o primeiro, voltado ao âmbito psicológico, nos auxilia nas reflexões de autoconhecimento. Já o segundo trata de assuntos de caráter geral, pertinentes à sociedade humana em situações provacionais das quais ninguém na Terra está isento.

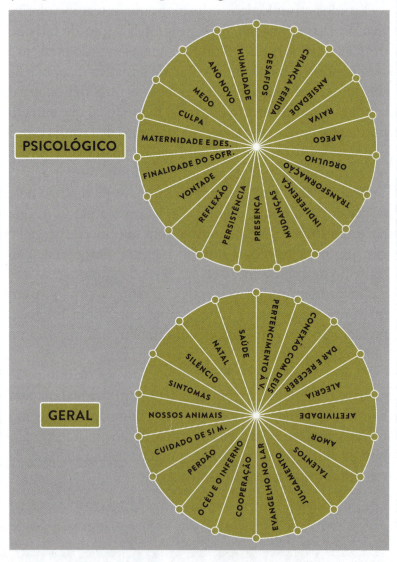

O leitor poderá perguntar: quem é Ana Tereza Camasmie? Por que ela resolveu transformar seus áudios em um livro? Conheço de perto sua produção de palestras e seminários. Além de autora de um livro de psicologia, ela é doutora em psicologia clínica, é espírita atuante nos trabalhos doutrinários do Centro Espírita Tarefeiros do Bem,[2] na cidade do Rio de Janeiro, organização sem fins lucrativos que fundamos juntamente com minha irmã, Gilka Sá Roriz, e minha mãe, Eunice Sá Roriz. Creio que Ana Tereza buscou materializar neste livro um desejo: realizar o encontro da psicologia com o espiritismo, sem conflito ou excludência.

Como foi elaborado este livro? Posso dizer ao leitor amigo que fui coadjuvante de tudo o que, em essência, está aqui registrado. O que ela fez, na verdade, foi deixar brotar de sua alma palavras que expressam, em parte, o que sofremos e choramos juntos com a partida de nosso filho Bruno, aos 20 anos de idade. Quem pode aquilatar a dor das separações? E foi exatamente nos momentos mais cruciais de seu sofrimento que ela começou a fazer, para si, uma espécie de "reintegração de posse" do filho querido, quando criou, com muito carinho, a escultura cuja foto está na "Introdução". Com a mão na massa de argila ela criou a arte que está na mesa principal da sala de nosso lar.

Depois, vieram os programas da web rádio *Fraternidade*, em que os temas eram levemente desvelados por meio de suas inspiradas verbalizações. Os ouvintes, mesmo sem saber, comunicavam-se com ela, e se diziam emocionados durante as transmissões do programa semanal. É que as ondas do rádio também carreiam nossas emoções.

---

2. Visite a página da instituição: www.tarefeirosdobem.org.br.

Tenho duas preferências nesta obra: o capítulo "Maternidade e desapego", no qual me emocionei muito ao ler a pergunta dela: "Mas e quando um filho desencarna?". O outro capítulo de minha preferência me lembra vivamente o querido *poodle*, que era o animal de estimação do nosso filho e que também se foi, no ano de 2017: o título do capítulo é "Nossos animais":

> E quando um animal some da visão dos nossos olhos do corpo, somos convidados a exercer os olhos da alma. E nesta transição, outras perdas que tivemos em nossas vidas reaparecem para que possamos visitá-las e dar um novo lugar para elas. Despedir-se de um animal que conviveu conosco, que esteve presente em nossas vidas por tanto tempo é também lidar com tantas outras despedidas. A chance de nos apegarmos é muito grande, e a perspectiva espírita nos mostra a importância de vivermos as perdas de modo não desesperado, pois a vida continua.

Todos nós que a conhecemos e com ela convivemos – familiares, amigos, espíritas, público-leitor, clientes e espectadores de suas palestras doutrinárias – acompanhamos a mãe que se levantou e entregou a Deus o nosso filho tão querido.

Este livro é o que fica na Terra como legado de amor, transformado em enredo de temas doutrinários com todas as emoções vividas, as quais, com o tempo, foram se asserenando a ponto de se transformar, agora, em *Palavras para a alma*.

Esta obra é consolo, reflexão doutrinária e orientação lúcida. Firme e suave, enseja reflexão para o pensamento meditante de tantos homens e mulheres que estão reencarnados na contemporaneidade, tão necessitados do desvelamento das possibilidades de um melhor porvir para a própria existência.

JULIO CESAR DE SÁ RORIZ
Janeiro de 2018

~•~

Esta obra é consolo, reflexão doutrinária e orientação lúcida. Firme e suave, enseja reflexão para o pensamento meditante de tantos homens e mulheres que estão reencarnados na contemporaneidade.

INTRODUÇÃO

Por ocasião do 2º congresso espírita de Uberlândia, em Minas Gerais, em janeiro de 2017, recebi um convite para realizar, semanalmente, um programa de dez minutos na web rádio *Fraternidade*.[3] Tenho enorme gratidão para com o casal Rubens e Divina por me confiar essa tarefa, sem reservas, e me permitir criar um programa espírita livre.

Abriu-se para mim, naquele momento, a possibilidade de unir dois amores: espiritismo e psicologia. Espiritismo que trago de berço e psicologia que se configurou como minha ocupação profissional. Não é um casamento fácil, porque ambos se constituem de territórios muito bem definidos e preocupados em cuidar, com razão, cada um de seus contornos. Há muitas de suas junções que confundem mais do que esclarecem, por ausência de uma reflexão que ofereça a ambas, o reconhecimento e o respeito aos seus âmbitos. Se, por um lado, a permeabilidade presente nas duas teorias favorece muita riqueza no encontro, por outro, pode gerar a impressão de que tudo cabe, o que pode abrir espaço para compreensões religiosas-psicológicas de pouca profundidade. Por vezes, há expectativa de que uma se submeta à outra, o que reflete a dificuldade que temos em sustentar aproximações. Por isso, estabelecer um diálogo entre a religião e a ciência gera muitos pontos de tensão e, assim, é importante que a filosofia esteja presente para favorecer essa conversa por meio de uma reflexão que não pretenda apresentar verdades absolutas. O espiritismo se propõe a sustentar esses pontos de contato entre a filosofia, a ciência e a religião, uma vez que a *Revista espírita* tem o subtítulo *Jornal de estudos psicológicos* e em *O livro dos*

---

[3]. Visite a página da web rádio: www.radiofraternidade.com.br.

I

Espíritos[4] encontramos a expressão "filosofia espiritualista". E, de um modo mais poético, temos Emmanuel no livro *O consolador*,[5] que nos oferece a imagem de um triângulo de forças, para compreendermos o tríplice aspecto do espiritismo, que Kardec explicitou no preâmbulo do livro *O que é o espiritismo*. Mesmo com todos esses esforços da espiritualidade maior, creio que ainda estamos engatinhando na vivência da união das três pontas.

Diante disso, fui aos poucos tomando consciência da tarefa assumida e escolhi a leveza como critério para o caminho. Na atmosfera da leveza, me sinto mais livre para criar, pois desaparece a cobrança de fazer perfeito. O perfeccionismo nos retira da finalidade das ações e nos prende à forma, inibindo, muitas vezes, nossa conexão espiritual. Mantendo-me nesse clima de leveza, preparar os programas foi um exercício de encontro comigo mesma, em que tive a chance de me perguntar com qual assunto minha alma estava disposta a conversar. E foi incrível descobrir que o melhor ponto de encontro entre a ciência, a filosofia e a religião foi exatamente o lugar da minha experiência. Portanto, contar sobre o que eu estava vivendo, em forma de reflexão sobre temas à luz do espiritismo, me permitiu ampliar compreensões sobre mim mesma. Então, aos poucos, foi se desenhando a proposta do programa, cujo

---

4. Allan Kardec. *O livro dos Espíritos*. Brasília: FEB, 2018. [folha de rosto]
5. "Podemos tomar o espiritismo, simbolizado [...] como um triângulo de forças espirituais. A Ciência e a Filosofia vinculam à Terra essa figura simbólica, porém, a Religião é o ângulo divino que a liga ao céu."
   Emmanuel [Espírito], Francisco C. Xavier [médium]. *O consolador*. Brasília: FEB, 2018. ["Definição"]

nome meu genro me deu de presente: *Palavras para a Alma*. A imediata sugestão veio quando ele me perguntou sobre o que eu falaria, e eu, então, disse-lhe que se trataria de uma conversa espiritual comigo mesma que, depois, seria compartilhada com os ouvintes da rádio. Gostei de pronto.

E, assim, a responsabilidade de preparar o programa me trouxe a disciplina semanal de orar, sentar comigo mesma e me perguntar: "O que ando tentando entender, aceitar? Com que ando tentando concordar na minha vida?"; "O que o espiritismo pode me ajudar a compreender nessas questões?". Como em uma meditação guiada, essas foram as perguntas norteadoras presentes ao longo do ano inteiro. De posse do tema, procurei me inspirar nos autores espirituais de que gosto muito, como Emmanuel e Joanna de Ângelis. Por vezes, Paulo de Tarso foi quem melhor me consolou nos momentos de tristeza. Pude, assim, cuidar de muitas dores emocionais porque, ao me ouvir falar, pude me observar e, à luz do espiritismo, enxergar a questão sob outra perspectiva.

Fico ainda impressionada com os caminhos que a espiritualidade maior encontra para nos auxiliar na cura própria. Depois que tudo passa e podemos olhar para trás a fim de ver a estrada percorrida, é incrível perceber como foi tecido cada acontecimento, como se deu a presença de tantas ajudas visíveis e invisíveis para que chegássemos até ali. É cristalina a verdade de que jamais estamos sós. Desde que meu filho retornou ao mundo espiritual, tenho feito um esforço constante para refazer o sentido da minha vida, e são incontáveis os auxílios que recebi, de todos os lados, para seguir em frente. Quando um filho nasce, nos modifica para sempre. Porque nasce um outro de nós junto com ele e, dessa maneira, inúmeras transformações são necessárias para que haja espaço para a nova família que surge. Quando ele desencarna, também precisamos de um bom tempo de ajuste para lidar com a nova configuração familiar com a qual somos impelidos a lidar. Também um modo de ser nosso acompanha essa partida, e é preciso redescobrir quem somos a partir de então. Assim como existe o pré-natal, acho que existe um pós-morte que nos prepara para a retomada da vida de uma outra maneira. A energia amorosa que nos faz organizar um enxoval se reapresenta quando desfazemos o quarto do filho. Lá no enxoval eram sonhos; na doação das roupas, recordações. E é disso que a vida aqui é feita, de chegadas e partidas, embora ainda haja insistência de nossa parte em não concordar com isso. É preciso algum esforço nosso para que haja desapego daquilo que gostaríamos que nossa vida fosse...

Inúmeras vezes olhei para as ondas do mar, porque a natureza nos lembra de que há algo para além de nós, muito maior do que podemos compreender, e que é capaz de acolher o que ainda não é possível para nós. Para cada onda que ia embora eu dizia: "Eu entrego, Senhor, entrego em seus braços o que eu não posso segurar". Penso que o luto é isso... o tempo de que precisamos para concordar com os desígnios do Universo. Só assim é que o nosso coração e os dos nossos queridos desencarnados podem descansar em paz.

Percebo a maestria e a delicadeza que a misericórdia divina utilizou para se expressar por meio dos valiosos amparos que tinham a aparência de simples convites: uma palestra para mães que perderam seus filhos, um seminário sobre família, cursos sobre constelações familiares, uma sugestão de trabalhar com cerâmica... Quantos caminhos, quantas chances... Creio que o convite para fazer um programa sobre a minha alma veio das estrelas...

E chegou o fim do ano, o programa na rádio continuou no ar e resolvi transformar alguns dos áudios em palavra escrita. É uma maneira de materializar o caminho percorrido e, quem sabe, incentivar outros corações como o meu a seguir em frente. A imagem de fechamento desta "Introdução" mostra o começo de tudo. O barro tem a generosidade de receber nossas emoções e oferecer uma forma em troca. Sou grata ao barro, à minha gentil professora, ao amigo arteterapeuta que me sugeriu a arte como caminho de cura. Fui modelando e revisitando a maternidade enquanto a escultura ia surgindo. E a sensibilidade da fotógrafa trouxe à luz as muitas possibilidades de uma relação; seja na proximidade, seja no afastamento, nunca deixaremos de ser filho e mãe.

Mais uma vez, muitas mãos e corações se uniram para que este livro fosse possível. Certamente, estiveram conosco tarefeiros invisíveis que fortaleceram a minha equipe familiar, que carinhosamente esteve presente durante a minha empreitada: Daniel, fazendo a capa; Thaís, preparando o miolo;[6] o marido, escrevendo o prefácio… e Bruno, lá das estrelas, que me fez visitar lugares inimagináveis da minha alma, deve estar aplaudindo de pé o nosso trabalho de amor. Valeu, filho. Até breve!

Então, passo a você as palavras que recebi e disse para a minha alma.

Da minha alma, com muito amor, palavras para a *sua* alma.

ANA TEREZA CAMASMIE
atcamasmie@gmail.com
Rio de Janeiro, janeiro de 2018

---

[6]. Daniel e Thaís participaram da produção da primeira edição desta obra, publicada pela autora.

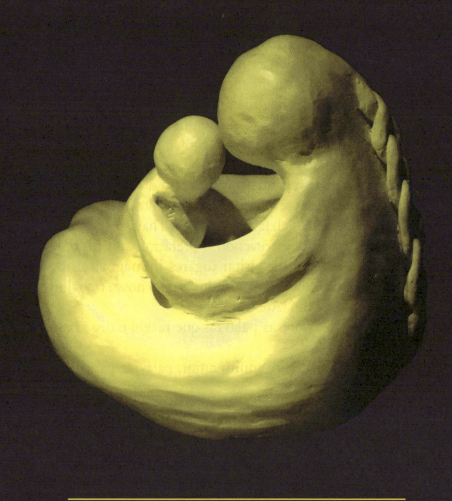

Ana Tereza Camasmie
cerâmica polida [17 × 17 cm]

PASSO A VOCÊ
AS PALAVRAS
QUE RECEBI E DISSE
PARA A MINHA ALMA.
DA MINHA ALMA,
COM MUITO AMOR,
PALAVRAS PARA
A SUA ALMA.

HUMILDADE

"[...] humildade [...] é reconhecimento de nossa pequenez diante do Universo."

EMMANUEL

Pensamento e vida. Emmanuel [Espírito], Francisco C. Xavier [médium]. Brasília: FEB, 2015. [cap. 24]

Emmanuel nos convida a *re*-conhecer, ou seja, conhecer algo outra vez. Sabedores que somos de nosso tamanho diante do Universo, o que seria reconhecer nossa pequenez? A que pequenez Emmanuel estaria se referindo?

Nosso benfeitor afirma que sermos humildes está na razão direta de nosso tamanho. Então, o orgulho se dá quando nos arrogamos um tamanho que não temos nem somos. Ainda nessa linha, nos arrogarmos um tamanho maior ou igual ao de Deus seria, em primeiro lugar, não aceitar o que vem do Universo ao nosso encontro, ou seja, nos inconformarmos diante de Seus Desígnios. Desse modo, o estado de orgulho da alma se dá quando consideramos que tudo o que nos acontece de desagradável, de difícil, de sofrido, certamente não era para ocorrer conosco, como se tudo não passasse de um equívoco do Universo. Seriam aqueles momentos em que, revoltados, dizemos internamente: "Onde está Deus que não vê isso, que não impede que isso esteja acontecendo?"; "Mas o que eu fiz de errado para sofrer assim?". Do lugar de inconformados, temos a percepção de que tudo está fora de lugar, e uma sensação de desproteção, de abandono, pode vir a nos contagiar os pensamentos e as emoções. É nessas circunstâncias que vemos nossa fé se desmanchar, e pouca coisa nos consola ou a pouco podemos nos agarrar.

Quando sintonizados com esse clima, com essa qualidade de vibração, nossa percepção se torna reduzida, pois sentimentos reativos como a raiva e o medo encurtam nossa possibilidade de enfrentamento da realidade. Assim como a raiva pode nos impulsionar a ações que levam a arrependimentos mais à frente, o medo pode nos paralisar a ponto de sofrermos pelo tempo perdido de vida. Na atmosfera do orgulho, da inconformação, fechamos as portas para as sugestões espirituais, uma vez que perdemos nossa autoconexão, e, consequentemente, o contato com a espiritualidade maior. E não é que nossos protetores espirituais não queiram nos auxiliar, mas qualquer ajuda requer abertura das duas partes. Cabe-nos perguntar: "Será que estamos abertos, disponíveis para ser ajudados?". Os Espíritos amigos trabalham, de mãos dadas, com nossa abertura e nossa disponibilidade em receber amparo. E é por isso que, se a queixa se tornar a nossa companheira constante, tornaremos nosso terreno mental estéril e não há semente do bem que possa crescer no solo da dúvida e da revolta. Emmanuel nos lembra, também, nessa mesma passagem, que somos recém-saídos de nossas tramas de sombras, e que se nos mantivermos nesse clima energético, abriremos brechas para nos emaranhar mais intensamente nelas. Sendo assim, se nos demoramos mais tempo, ou menos, no sofrimento, diz respeito à decisão que precisamos tomar em relação a nós mesmos no que se refere a escolher: "Qual tamanho adoto ter diante do Criador?". Não é incrível isso?

Porém, a misericórdia divina é algo espetacular. Nosso Pai conhece nossa imaturidade moral e sua consequente arrogância, que nos leva a querer controlar, conforme nossos desejos, o curso dos acontecimentos da vida. Muitas vezes é como se achássemos que o Universo girasse em torno de nós mesmos… Pois bem. Deus nos envia sempre novas oportunidades de ampliação de nosso olhar. Envia, por amor, mensageiros do bem que se utilizam de caminhos imprevisíveis para que nossa autoconexão possa acontecer. Ausente de nossa companhia, fora de nosso centro, nossa alma não encontra condições de se alimentar do Pão/Pai Nosso. Assim, incessantemente, ocorrem investidas espirituais de interrupção do fluxo de energias negativas, que por ora estejamos envolvidos, para que possamos ocupar nosso lugar legítimo de filhos de Deus. E filho é sempre pequeno diante do Pai. Essa pequenez é necessária para que possamos receber, para que possamos nos alimentar do fluxo divino. Há vários exemplos disso: um amigo distante que resolve nos telefonar e oferecer uma notícia diferente ou um convite para algo salutar; o abraço amoroso do companheiro da casa espírita; aquele livro que alguém nos oferta inesperadamente; uma conversa positiva que acontece com um colega de trabalho ou um convite para algo de que já nem nos lembrávamos. E como não falar das flores, que podem oferecer o carinho divino perfumado, ou do Sol, que ilumina nosso quarto inteiro de manhã? A vida segue seu curso, independente de nossa teimosia em permanecermos inconformados.

Dessa maneira, reconhecer nossa pequenez quer dizer: somos mesmo pequenos, e é preciso admitirmos e nos colocarmos enquanto tais, diante do curso da vida. Não é que não saibamos que somos pequenos... O que nos falta é concordar com a pequenez e com as consequências diretas de nos sentirmos desse tamanho, pois isso resultará em abrir mão de controlar os outros, de controlar as situações, e ampliar o olhar para descobrir para onde nos aponta tudo o que nos acontece. Devemos assumir uma postura madura para compreender que existem razões para além de nossa vontade ou de nosso entendimento para que algo se dê desse ou daquele jeito, e não como gostaríamos que fosse.

Desenvolver a humildade... cuidar de nossa teimosia... concordar com os caminhos divinos... Essa é a sugestão que a espiritualidade nos dá tanto para que possamos sobreviver aos acontecimentos difíceis quanto para nos alegrarmos com as conquistas, sem que elas se tornem troféus egoicos! Não é à toa que Joanna de Ângelis[7] nos convida à conquista do estado de gratidão; gratidão a Deus e ao que de bom e de difícil se apresenta para nós. Que tudo possa contribuir para o nosso crescimento e consequente libertação espiritual; ou seja, se pudermos entrar em sintonia com a pequenez, se nos prostrarmos diante do Mistério da vida, se pudermos nos entregar diante do que não podemos compreender por agora ou imaginamos não poder suportar, aí, sim, a humildade começa a nascer... Mas ela nasce não da fraqueza da alma, ou de qualquer coisa parecida com impotência. Pelo contrário! É necessário ter muita coragem para admitir que somos criaturas divinas em processo de evolução, que tudo o que nos acontece nos convoca a estar a serviço de algo maior do que nossa compreensão cognitiva possa enquadrar. É preciso ter muita força para nos entregar a Deus e dizer, do fundo de nossos corações: "Sim. Obrigado, Senhor. Seja feita a sua vontade".

---

7. Joanna de Ângelis [Espírito], Divaldo P. Franco [médium]. *Psicologia da gratidão*. Salvador: LEAL, 2011.

A HUMILDADE NASCE NÃO DA FRAQUEZA DA ALMA, OU DE QUALQUER COISA PARECIDA COM IMPOTÊNCIA. PELO CONTRÁRIO! É PRECISO TER MUITA FORÇA PARA NOS ENTREGAR A DEUS E DIZER, DO FUNDO DE NOSSOS CORAÇÕES: "SIM. OBRIGADO, SENHOR. SEJA FEITA A SUA VONTADE"

"Toda dificuldade é um desafio. E, diante de qualquer desafio, antes de tudo, compaixão é a resposta."
EMMANUEL

Encontro marcado. Emmanuel [Espírito], Francisco C. Xavier [médium]. Brasília: FEB, 2015. [cap. "Desafio e resposta"]

2

Enfrentamos desafios de muitos tamanhos diferentes ao longo de nossa jornada. Olhamos para aqueles que nos parecem muito grandes e temos a impressão de que não iremos aguentar passar por eles. Nessas horas, duvidamos se vamos conseguir sair vivos diante de acontecimentos completamente inesperados para nós, os quais nos fazem visitar lugares sombrios em nossas almas. Quero lhe convidar a olhar para essa experiência a partir de algumas reflexões.

Nossos aprendizados escolares, iniciados na infância e que levamos para nossa vida adulta, nos informam o seguinte: se nos prepararmos bastante, se estudarmos com dedicação, teremos condições plenas para realizar uma prova. Tanto é que, quando um resultado não corresponde às nossas expectativas, a primeira certeza que nos chega é a de que não nos preparamos o suficiente para aquilo. Esse entendimento também se confirma para todos nós diante de várias circunstâncias diferentes: seja em uma prova de motorista; um concurso público; uma seleção de emprego ou a compra de um bem material… Enfim… é simples concluir que o bom resultado em uma prova é diretamente proporcional ao esforço que fizermos para realizá-la. E, quando estamos diante de algo novo, não temos dúvidas de que se nos prepararmos o bastante, teremos condições de superar e alcançar pleno êxito.

Porém, quando as adversidades da vida chegam, quando um desafio existencial surge em nossa caminhada de modo inesperado, esse mesmo modo de agir já não é útil, e as primeiras perguntas que aparecem são: "Por quê?"; "Como assim?"; "Como algo pode surgir sem termos nos preparado para isso, sem termos sido avisados com antecedência para podermos nos aprontar?". E, ao nos percebermos tão vulneráveis, tão frágeis, cremo-nos sem condições para enfrentar o desafio. A percepção imediata é a de que somos pequenos, e que estamos desamparados, despreparados, desprotegidos. Dizemos intimamente para nós mesmos: "Não vou dar conta". E, assim, o desafio se torna muito grande, pois nossa postura é a de impotência diante dele. Gastamos energia de ação na perplexidade. Perdemos ânimo em uma espécie de nevoeiro que vemos diante de nós quando não encontramos razão para o que está havendo conosco. E é comum, nessas situações, escorregarmos para perguntas sem respostas, como: "O que eu fiz para merecer isso?"; "Onde foi que eu errei?". São questões que advêm de uma visão curta sobre o sentido desses acontecimentos em nossas vidas. Nossas experiências emocionais não têm como ser encaixadas nos métodos conhecidos que utilizamos para resolver os desafios que escolhemos viver. Não há como nos prepararmos para perdas de entes queridos, um desemprego repentino, uma doença que se configura incurável. Na verdade, o que se dá é que a força, que tanto queremos ter para ultrapassar sofrimentos dessa ordem, não está disponível antes que eles se apresentem em nossas vidas. Incrivelmente, só podemos sentir nossa força quando nos dirigimos de modo aberto a esses desafios, e, no enfrentamento deles, a vemos surgir e nos impulsionar a seguir, até o fim. E, aos poucos, bem de mansinho, junto de nossas mãos, sentimos a força de tantas outras, e, junto de nossas palavras, ouvimos o som de tantas outras. É a colaboração da presença divina que preenche os espaços de nossas resistências ao crescimento. Sendo assim, nossa fortaleza não se encontra guardada em alguma gaveta de nossa casa, como também não estamos desprovidos da possibilidade de sua presença. É que, para o homem, não é possível armazenar força, pois, mesmo que fosse possível, ela estaria sempre aquém dos desafios, uma vez que eles se modificam em forma, tamanho e intensidade. À medida que nossa alma se desenvolve, prepara-se para dirigir-se por caminhos que apresentem desafios à sua altura a fim de cumprir seus propósitos. Essa força que nos faz prosseguir pode ser chamada de fé, de coragem... Elas não são inatas, nem genéticas, nem pertencem somente aos santos e aos iluminados. São tecidas por nossas mãos, muitas vezes suadas, com as linhas das adversidades da vida.

E é aqui que o sentido do sofrimento faz todo sentido! As adversidades da vida não se apresentam a nós como castigo, merecimento ou qualquer coisa dessa natureza. É próprio de quem caminha muito, buscar vencer a si mesmo cada vez mais, pois assim vai reconhecendo sua capacidade, vai afirmando seu tamanho. Se nenhuma dificuldade houvesse em nossa jornada por aqui, como saberíamos o que somos capazes de realizar e suportar? É por isso que Emmanuel afirma: "Não obstante defrontado por toda a espécie de dificuldades, segue para frente".[8] Devemos seguir, ir adiante, cumprir nossa finalidade de seres espirituais que somos em uma breve jornada pela Terra. Recuar, jamais! Desistir, nem pensar! O momento é de fortalecimento da alma, e isso requer que estejamos afinados com os propósitos superiores da vida. Se conseguirmos entender que, para além dos difíceis momentos, nossa alma se dirige ao crescimento, podemos concordar com Emmanuel quando ele aconselha: "Não recues diante da luta, se realmente já podes interessar o coração nos climas superiores da vida".[9]

Nosso benfeitor espiritual nos oferece uma excelente dica, qual seja: a luta vale a pena se nosso coração respira

---

8. Emmanuel [Espírito], Francisco C. Xavier [médium]. *Fonte viva*. Brasília: FEB, 2015. [cap. 52]
9. *Ibidem*.

climas superiores da vida. O que interessa ao nosso coração é o que nos estimula a prosseguir. Certamente, se é a atmosfera elevada aquela que desejamos transitar, é necessário que possamos desistir de nossas inconformações, pois elas nos retiram dessa rota. Reclamar da luta nos enfraquece, nos desvia do essencial, desqualifica os esforços na direção do bem próprio e do bem comum.

Sendo assim, se você se encontra diante de algo que considera maior do que si mesmo, se nesse momento duvida de suas forças para vencer esse desafio, agora é o momento de se inspirar no convite de Emmanuel e movimentar as mãos cansadas para o trabalho e erguer os joelhos desconjuntados, como Paulo de Tarso orientou os Hebreus:[10]

> Na certeza de que para a obtenção da melhor parte da vida é preciso servir e marchar, incessantemente.[11]

---

[10]. João Ferreira de Almeida (trad.). *Bíblia sagrada*. São Paulo: SBB, 2008. [*Hebreus* 12:12]
[11]. Emmanuel [Espírito], Francisco C. Xavier [médium]. *Op. cit.*

SE VOCÊ SE ENCONTRA DIANTE DE ALGO QUE CONSIDERA MAIOR DO QUE SI MESMO, AGORA É O MOMENTO DE MOVIMENTAR AS MÃOS CANSADAS PARA O TRABALHO E ERGUER OS JOELHOS DESCONJUNTADOS, "NA CERTEZA DE QUE PARA A OBTENÇÃO DA MELHOR PARTE DA VIDA É PRECISO SERVIR E MARCHAR, INCESSANTEMENTE".

SAÚDE

"Nossas emoções doentias mais profundas, quaisquer que sejam, geram estados enfermiços."
EMMANUEL

Pensamento e vida. Emmanuel [Espírito], Francisco C. Xavier [médium]. Brasília: FEB, 2015. [cap. 15]

3

Esse é um tema sobre o qual costumamos pensar quando alguma doença aparece em nosso corpo ou quando, de alguma forma, ele não consegue mais corresponder aos anseios de nosso Espírito. Em momentos assim, sentimos muita saudade de um corpo saudável, e uma pressa começa a nos habitar no sentido de obter nossa vitalidade de volta. E é justamente sobre o adoecer e a viagem de volta à saúde que vamos refletir agora.

De um modo geral, entendemos as doenças como algo que acontece no corpo. Nessa perspectiva, o corpo se assemelha a um carro que apresenta um defeito e precisa ser levado para a oficina. Assim, podemos ir a um médico esperando que ele faça algo que nos conserte também, como o faria um mecânico. No caso de ocorrências simples, essa perspectiva ganha um bom reforço. Mas, quando estamos diante de adoecimentos intensos, crônicos, incapacitantes, para os quais os medicamentos têm efeitos menores do que os esperados, nossa alma deseja mais... Deseja entendimento. Começamos a procurar outras causas, a identificar se outras pessoas vivem algo semelhante, a perguntar se nosso médico tem muitos pacientes que sentem a mesma coisa que nós. Queremos respostas precisas sobre como foi que adoecemos e quando iremos ficar saudáveis, novamente. Queremos controle... São inquietações que pertencem ao modo de lidar com nosso corpo como se ele fosse uma máquina. Como se o que acontece com ele não tivesse nenhuma ligação com o Espírito que nele habita e o faz viver.

Para o espiritismo, somos um Espírito que temos um corpo. E esse corpo só tem vida, movimento e, inclusive, pode adoecer, devido a um Espírito que o anima desde a sua concepção. Nessa junção, que irá acompanhar a reencarnação até o final, tudo o que acontece, seja no corpo, seja no espírito, reflete-se mutuamente, ou seja, o que acontece em nosso corpo já está presente antes em nosso Espírito. Do mesmo modo, o que se passa em nosso corpo também repercute em nosso Espírito. Por isso, nossos pensamentos, nossos sentimentos, geram, plasmam o corpo que temos. E o modo como cuidamos de nosso corpo engrandece ou apequena nosso Espírito. Cada um de nós cria uma atmosfera própria de energia que nos acompanha onde quer que estejamos. E nós nos nutrimos dela o tempo todo, bem como quem se aproxima de nós é capaz de sentir, mesmo sem saber, a densidade dela.

Pois bem, adoecer não é simplesmente algo que atinge o corpo físico. Somos responsáveis por nosso adoecimento, e nos entendermos como Espíritos faz com que o olhar para o adoecer seja completamente diferente... Adoecer é, então, um processo, e não um acidente. Sendo assim, nos tornarmos saudáveis requer um intenso envolvimento no processo de cura da alma, que pode ou não trazer os resultados esperados ao nosso corpo. Digo isso porque muitos de nós carregamos lesões tão profundas na alma que o corpo tenta "enxugá-las", mas elas acabam sendo demais para ser resolvidas por ele no tempo que queremos. Aliás, nosso corpo se esforça muito para dar suporte à nossa alma... Vai buscando equilíbrios, compensações, e a dor vem como última alternativa para nos avisar que precisamos fazer algo diferente por nós, pois ele já deu o seu máximo.

Quando o nosso corpo começa a expressar a dor da alma significa que esta já adoeceu há muito tempo! Então, quando ficamos diante de uma dor repentina, uma doença devastadora, um mal-estar crônico, um órgão que desiste de funcionar, é preciso uma mudança de olhar. É preciso, em primeiro lugar, um olhar de compaixão para com nosso corpo. Ele chegou a esse ponto depois de muito resistir, e dói porque já não consegue mais estabilizar as emoções em desordem que a alma lhe transmite. Portanto, em vez de nos queixarmos do corpo, nosso primeiro movimento deveria ser o de agradecer. Agradecer o esforço que nosso corpo faz, agradecer o sinal de alerta de que algo em nosso modo de viver pede transformação, pede cuidado. A dor nos convoca a olhar para modos de pensar, sentir e viver... e pede de nós alguma mudança. É claro que podemos e devemos tomar medicamentos para a dor, pois ele nos dá condições de prosseguir, mas é importante compreender que somente tomar o remédio nos torna semelhantes a um carro no mecânico. Não somos máquinas com defeitos. Somos mais... Somos enfermos da alma. E é a ela que precisamos dedicar nosso cuidado. Por isso, Emmanuel afirma:

> Se te encontras enfermo, não acredites que a ação medicamentosa, através da boca ou dos poros, te possa restaurar integralmente.[12]

É que para fazer a viagem de volta à saúde, é preciso tomar a decisão de sair da repetição. Esse momento requer reflexão de nossa parte. Refletir sobre os movimentos que estamos fazendo em nossas vidas: "Quais são os movimentos que nos conduziram ao adoecimento?"; "A quais renúncias benéficas para nós estamos resistindo?"; "Que novos movimentos serão necessários a partir de agora?".

Essas questões e muitas outras devem fazer parte de nossas meditações no processo de cura. O importante é não realizar julgamentos que nos deixem culpados, pois como Paulo de Tarso escreveu aos Romanos: "Não pense de si mesmo além do que convém; antes, pense com

---

12. Emmanuel [Espírito], Francisco C. Xavier [médium]. *Fonte viva*. Brasília, 2015. [cap. 86]

moderação".[13] Quando olhamos para os nossos passos dados, temos o vício de nos criticar e, quando fazemos isso, não aprofundamos nossas reflexões nem alcançamos resultados saudáveis. Pelo contrário, podemos ficar mergulhados em acusações indefinidamente, gerando quadros depressivos em vez de nos levantar para agir e nos modificar. A culpabilização cria uma densidade energética desnecessária ao nosso crescimento.

Refletir sobre o caminho que trilhamos até o presente requer de nós um olhar de atenção, de entendimento que nos auxilie a compreender o sentido de nosso adoecimento: "Que crenças vieram sustentando nosso modo de agir?"; "Em nome de que tomamos esse ou aquele caminho?"; "O que nos levou ao afastamento de nós mesmos, de nossa essência, do fluxo divino?"; "Para que queremos tanto nos curar?"; "Que novos projetos nos convoca o horizonte?".

Olhar para o sentido do adoecer nos orienta para o sentido de nos curar.

E aqui vai o convite de Emmanuel:

> Se estás doente, meu amigo, acima de qualquer medicação, aprende a orar e a entender, a auxiliar e a preparar o coração para a grande Mudança.[14]

SUGESTÃO DE EXERCÍCIO

Agora, convido você para um exercício final: feche os olhos, mentalmente coloque sua mão em uma parte de seu corpo que sente dor ou na qual percebe que há alguma desordem, e a outra mão coloque em seu coração. Imagine as mãos

---

13. João Ferreira de Almeida (trad.). *Bíblia sagrada*. São Paulo: SBB, 2008. [*Romanos* 12:3]
14. Emmanuel [Espírito], Francisco C. Xavier [médium]. *Op. cit.*

de Jesus sobre sua cabeça, derramando amor… E imagine-se recebendo essas bênçãos exatamente onde necessita, enquanto se sente cuidado, amado, sereno e merecedor de toda saúde, simplesmente porque você é filho de Deus!

―•―

> "SE ESTÁS DOENTE, MEU AMIGO, ACIMA DE QUALQUER MEDICAÇÃO, APRENDE A ORAR E A ENTENDER, A AUXILIAR E A PREPARAR O CORAÇÃO PARA A GRANDE MUDANÇA."

PERTENCIMENTO À VIDA

"O templo doméstico reúne aqueles que se retratam uns nos outros."
EMMANUEL

Pensamento e vida. Emmanuel [Espírito], Francisco C. Xavier [médium]. Brasília: FEB, 2015. [cap. 12]

Há momentos em que você se sente desgarrado, meio solto, em que não se sente pertencendo à sua família, a grupo nenhum, ou até mesmo não se sente pertencendo à vida? A primeira coisa que você precisa saber é que essa sensação não é só sua, nem é um defeito seu. Pelo contrário, é mais comum do que se pode imaginar. E junto a essa sensação desconfortável de "não pertencer" a lugar algum, podemos experimentar também a escassez. É uma espécie de ressecamento existencial que aparece quando as poucas coisas que conquistamos parecem escorregar de nossas mãos...

Vamos, então, pensar juntos, mais devagar, sobre esse assunto?

Dentre todas as necessidades que um ser humano precisa que sejam atendidas para viver, há uma que é essencial e que, talvez, seja a mais básica de todas. Se ela não for suprida, as outras perdem sustentação e acontecem de modo precário. Trata-se da necessidade de pertencer. Precisamos sentir que "pertencemos" para que nossa vida possa prosseguir de modo abundante. Pertencimento é experiência de raiz. Quando sentimos que não deveríamos estar na vida que temos e não queremos fazer parte do cenário em que estamos... Como pertencer àquilo com que não concordamos? É assim que experienciamos a escassez em nossas vidas. É escassez quando não nos sentimos pertencentes à nossa própria vida. Sentimos todas as formas de escassez: física, emocional, afetiva e até espiritual. Então, tanto a abundância quanto a escassez são modos de experienciar o nosso pertencimento. Uma vez encarnados, não deixamos nunca de pertencer à vida, apesar de estarmos aqui transitoriamente.

Sendo assim, podemos experimentar viver de modo escasso, como se não pertencêssemos a nada, ou viver de

4

modo abundante, nos sentindo alinhados ao fluxo da vida, pertencendo a tudo o que nos rodeia. Assim como a abundância é uma experiência de conexão e pertencimento, a escassez é uma experiência de desconexão, de não pertencimento. Mas isso não acontece de repente, não! Vamos pensar mais devagar...

Na infância, a maior alegria da criança é sentir que pertence à sua família. E quanto mais esse pertencimento lhe é assegurado, confirmado, mais segurança ela sente em poder ser quem é. E, na mesma medida, quanto mais seu pertencimento à família é frágil, de pouco asseguramento, mais instabilidade ela sente. Quando uma criança entende que pertencer é algo regido por condições, ela procura descobrir quais comportamentos os adultos aprovam, quais deles confirmam seu pertencimento. Assim, desde muito cedo, uma criança aprende a agradar. E entende que aprovação é sinônimo de amor. É desde muito cedo que podemos nos afastar de quem essencialmente somos para podermos ser amados, aprovados e, portanto, pertencentes ao nosso grupo familiar. Mas isso pode se dar de uma maneira preocupada, vigilante, tensa.

Nas famílias em que a criança se sente amada pelo que é, sua necessidade de pertencimento se encontra atendida. E isso lhe faz tanto bem que muito cedo ela compreende que, haja o que houver, ela faz parte desse grupo familiar. Assim, não precisa agradar para fazer parte, e esse grupo se constitui e cresce junto com ela, sem ameaças. Ela pode descansar nos braços da família para poder crescer de modo leve. Por isso, o modo como cada família recebe um recém-nascido é tão importante. Quando um nascimento é recebido com alegria, a criança entra em conexão com a abundância da vida por ser natural. Ela recebe a mensagem imediata de legítimo pertencimento ao seu sistema familiar, ou seja, ser ela mesma, tal como é, somente por sua presença, por sua chegada ao mundo, vale a pena. Porém, não é simples começar uma reencarnação. Temos muitas histórias difíceis que antecedem nossa chegada a este mundo. Lançar-se em uma nova existência, sem garantias, não é tarefa fácil. Precisamos todos de muito acolhimento para nos abrir à vida, com confiança. E, se essa abertura se dá, entramos em conexão com o fluxo divino, com o fluxo da vida, que é abundante, vibrante, é a força criativa de nosso Pai. Temos, nas palavras de Jesus, a confirmação dessa ligação natural com a vida que recebemos quando Ele nos diz: "Vim para que tenhais vida e vida em abundância".[15]

O espiritismo oferece uma diferenciação importante nesse assunto e que nos auxilia a compreender porque é tão desafiante a questão do pertencimento: temos a família espiritual e a família corporal. A primeira é constituída pelos laços do coração que agregamos ao longo de nossa história como Espíritos que somos. É uma grande família da qual fazemos parte, e pertencer a ela nos dá bastante conforto. Mas também temos laços difíceis que vêm de outras encarnações e que se encontram presentes em nossa família corporal, uma oportunidade para que possamos nos curar de algumas lesões que trazemos em nossas almas. Como dizem os Espíritos em *O Evangelho segundo o espiritismo*:

> Não são os da consanguinidade os verdadeiros laços de família, e sim os da simpatia e da comunhão de ideias, os

---

15. João F. de Almeida (trad.). *Bíblia sagrada*. São Paulo: SBB, 2008. [*João* 10:10]

quais prendem os Espíritos *antes, durante e depois* de suas encarnações.[16]

Logo, quando na presença desses desafetos, nossa vontade de nos afastar é grande, e por isso a necessidade de pertencer não consegue ser atendida por nós mesmos. Nessas circunstâncias, o amor não encontra condições viáveis para se manifestar, e experienciamos escassez afetiva, o que pode gerar a sensação de falta de pertencimento à família, aos grupos e até à vida. Sozinhos não vamos muito longe. Crescer é acolher o diferente, é aprender com o desigual. No isolamento, só tem monólogo; falta o contraste que nos permite avaliar nossas próprias percepções. Quando isolados, nos afastando do mundo, fabricamos diálogos mentais sem repouso! Além disso, no isolamento, os desafios da convivência que tanto nos modificam desaparecem, e pouco crescimento se dá em nossa alma. Por isso, os Espíritos afirmam que: "Aquele, pois, que se isola priva-se voluntariamente do mais poderoso meio de aperfeiçoar-se".[17] Então, em vez de nos afastar, poderíamos descobrir o que podemos aprender com esses afetos que nos parecem tão difíceis de conviver!

Uma outra reflexão que podemos fazer é a seguinte: se nascemos em um determinado núcleo familiar, com determinadas pessoas, algo temos a ver com elas e, certamente, algo a dar a elas e algo a receber delas. Afinal, Deus não se equivoca, não é mesmo? Somos feitos para conviver, e

---

16. Allan Kardec. *O Evangelho segundo o espiritismo*. Brasília: FEB, 2018. [cap. XIV, item 8]
17. *Ibidem*. [cap. XVII, item 10]

necessitamos uns dos outros para nos desenvolver, tendo em vista que nenhum de nós é completo, como esclarece a questão 768 de O *livro dos Espíritos*.[18] Manter-se no encolhimento retrai as nossas capacidades afetivas, e mesmo as já conquistadas podem enfraquecer por falta de movimento, como talentos enterrados pelo medo. Escolher o fechamento é escolher abrir mão da conexão com o fluxo da vida. E isso nos custa muito caro, faz com que nos sintamos à parte da vida, fora da abundância divina, soltos na existência terrena.

Sendo assim, a abundância não depende do que temos, do que somos, do que podemos. Jesus afirmou que: "A vida de alguém não consiste da abundância daquilo que possui".[19] A abundância está, apenas e completamente, ligada ao nosso pertencimento à vida. É um modo de ser e estar no mundo junto com os outros, em conexão consigo mesmo e com os outros, sentindo-se filho do Universo,

---

18. "Procurando a sociedade, não fará o homem mais do que obedecer a um sentimento pessoal, ou há nesse sentimento algum providencial objetivo de ordem mais geral?

    — O homem tem que progredir. Insulado, não lhe é isso possível, por não dispor de todas as faculdades. Falta-lhe o contato com os outros homens. No insulamento, ele se embrutece e estiola.

    [Comentário de Allan Kardec] Homem nenhum possui faculdades completas. Mediante a união social é que elas umas às outras se completam, para lhe assegurarem o bem-estar e o progresso. Por isso é que, precisando uns dos outros, os homens foram feitos para viver em sociedade e não insulados."

    Allan Kardec. O *livro dos Espíritos*. Brasília: FEB, 2018. [questão 768]

19. João F. de Almeida (trad.). *Op. cit.* [*Lucas* 12:15]

filho de Deus. Viver abundantemente é sentir-se parte indispensável do mundo em que nasceu, sem exigir ou esperar condições externas para fazer parte, como também saber que é preciso abrir mão de exigências advindas de si mesmo. É um sentimento profundo de que vale a pena ser quem somos porque nascemos e pertencemos a tudo o que nos rodeia, sem exceção. Somos filhos de Deus e isso quer dizer: se existimos, pertencemos.

VIVER ABUNDANTEMENTE É SENTIR-SE PARTE INDISPENSÁVEL DO MUNDO EM QUE NASCEU. É UM SENTIMENTO PROFUNDO DE QUE VALE A PENA SER QUEM SOMOS PORQUE NASCEMOS E PERTENCEMOS A TUDO O QUE NOS RODEIA, SEM EXCEÇÃO. SOMOS FILHOS DE DEUS E ISSO QUER DIZER: SE EXISTIMOS, PERTENCEMOS.

CRIANÇA FERIDA

"Todos os indivíduos conduzem no inconsciente individual a sua criança ferida, magoada, que lhe dificulta a marcha de segurança na busca da paz interior, da saúde e da vitória sobre as dificuldades."

JOANNA DE ÂNGELIS

Em busca da verdade. Joanna de Ângelis [Espírito], Divaldo Franco [médium]. Salvador: LEAL, 2014. [cap. 5]

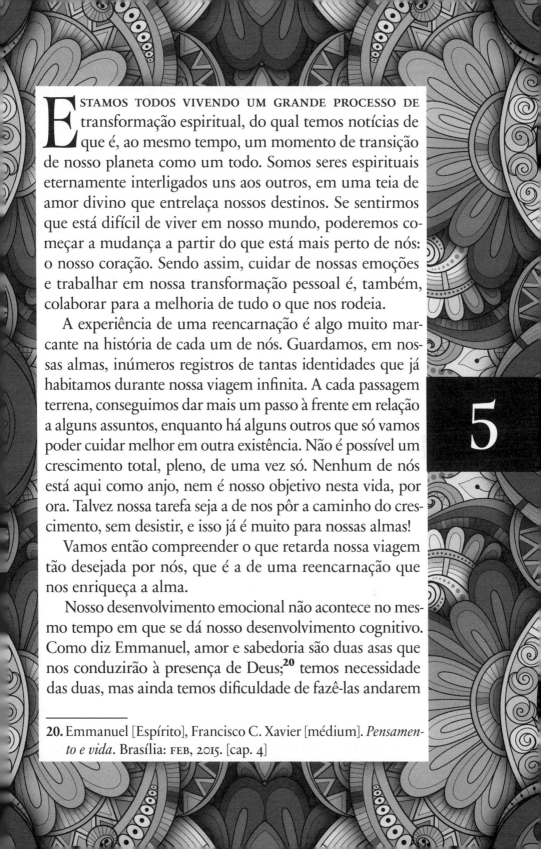

Estamos todos vivendo um grande processo de transformação espiritual, do qual temos notícias de que é, ao mesmo tempo, um momento de transição de nosso planeta como um todo. Somos seres espirituais eternamente interligados uns aos outros, em uma teia de amor divino que entrelaça nossos destinos. Se sentirmos que está difícil de viver em nosso mundo, poderemos começar a mudança a partir do que está mais perto de nós: o nosso coração. Sendo assim, cuidar de nossas emoções e trabalhar em nossa transformação pessoal é, também, colaborar para a melhoria de tudo o que nos rodeia.

A experiência de uma reencarnação é algo muito marcante na história de cada um de nós. Guardamos, em nossas almas, inúmeros registros de tantas identidades que já habitamos durante nossa viagem infinita. A cada passagem terrena, conseguimos dar mais um passo à frente em relação a alguns assuntos, enquanto há alguns outros que só vamos poder cuidar melhor em outra existência. Não é possível um crescimento total, pleno, de uma vez só. Nenhum de nós está aqui como anjo, nem é nosso objetivo nesta vida, por ora. Talvez nossa tarefa seja a de nos pôr a caminho do crescimento, sem desistir, e isso já é muito para nossas almas!

Vamos então compreender o que retarda nossa viagem tão desejada por nós, que é a de uma reencarnação que nos enriqueça a alma.

Nosso desenvolvimento emocional não acontece no mesmo tempo em que se dá nosso desenvolvimento cognitivo. Como diz Emmanuel, amor e sabedoria são duas asas que nos conduzirão à presença de Deus;[20] temos necessidade das duas, mas ainda temos dificuldade de fazê-las andarem

---

20. Emmanuel [Espírito], Francisco C. Xavier [médium]. *Pensamento e vida*. Brasília: FEB, 2015. [cap. 4]

5

juntas! Podemos, assim, ser muito "adultos" quanto aos compromissos concretos de nossas vidas; no entanto, o modo como lidamos com as adversidades pode ser muito distante e defasado, e até incoerente diante de tantos conhecimentos que já conquistamos. Como podemos saber tanto e, afetivamente, nos sentir tão inseguros?... É como se estivéssemos estacionados em algumas necessidades de quando éramos crianças, e secretamente ainda aguardássemos por alguém que viesse supri-las. E é tão secreta e tão antiga essa necessidade que nem percebemos mais a sua presença. Ficamos tão surdos a esses pedidos de nossas almas – porque o tempo da vida solicita nossa ação – que já nem identificamos que nossos sofrimentos, muitas vezes, nascem deles. Assim, o modo como essa carência se manifesta só se torna visível para os outros e, em nossa imensa cegueira, ficamos reativos.

Há quatro comportamentos muito frequentes que adotamos quando estamos carentes e, portanto, reativos: o primeiro pode ser uma rebeldia constante, quando nossa alma se irrita com tudo o que é contrário às nossas expectativas; o segundo pode ser a vitimação, quando insistimos em não ver nossa participação nos acontecimentos; o terceiro pode ser a autossuficiência, quando detestamos depender de alguém para não ter que "ficar devendo" ou para não nos frustrar; e o quarto pode se manifestar quando escolhemos a indiferença como um jeito eficaz de não sentir para não sofrer. São soluções inteligentes que nos trouxeram até onde estamos hoje e nos ajudaram muito a sobreviver às situações difíceis de nosso passado. Porém, hoje, pouco colaboram com o fluir de nossa vida e em nos fazer felizes. A questão é que esses comportamentos conhecidos, reativos, atraem a reatividade do outro e, assim, a criança de cá convida a criança do outro, e nos vemos em situações de difícil solução. Queremos que algum adulto resolva o que "estamos crianças" para lidar. Nós nos tornamos, desse modo, crianças feridas. Por isso, queremos que os entes queridos "tomem partido", sejam juízes, que haja punição e premiação, que haja um culpado e um inocente. Consequentemente, dissensões familiares e/ou profissionais tomam dimensões desproporcionais aos fatos que seriam tão simples de resolver.

Nessa percepção, estamos crianças quando queremos sempre ser acolhidos, ou nos sentimos rejeitados diante dos movimentos dos outros, ou ficamos assustados com o tamanho dos problemas e dizemos que não vemos saída... Estamos "crianças" quando não queremos ceder porque não queremos perder, e quando nossa visão se restringe somente ao agora, e queremos soluções imediatas. Assumir a vida adulta é adotar atitudes que nos posicionem à altura do que já podemos ser: seres que acolhem, que administram, que criam estratégias de ação, que relevam e têm visão de alcance, que reconhecem sua pequenez e acolhem a própria grandeza. Sendo assim, onde costumamos habitar quando as crises chegam?

Fixarmo-nos em comportamentos de criança é considerar que nossa alma ainda não tem força o suficiente para se apropriar da vida adulta e que, portanto, ela se recusa a empunhar os movimentos necessários que a vida, e até nós mesmos, esperamos de nós. Já que não somos nós que temos de agir, fazemos muitas cobranças veladas, ou não, a respeito do comportamento dos outros. Não raro, nos tornamos tão exigentes que o amor dos outros não consegue nos alcançar, pois só autorizamos o afeto chegar se for exatamente do jeito como desejamos. Jeito este que não se atualizou no tempo e tomou uma forma cristalizada, detalhada e tão específica que adulto nenhum consegue adivinhar. Para crescer é preciso se libertar de tantas exigências...

E, para tal, o primeiro passo é estancar a exigência para com os outros e refletir um pouco, sozinho. É que essas expectativas que queríamos que tivessem sido atendidas durante a nossa infância precisam de nossa atenção, de nosso olhar. É como se agora, já adultos e fortalecidos, pudéssemos olhar para nós mesmos e dizer: "Antes eu não pude, mas agora eu posso ver você"; "Eu estou aqui para você"; "O que você quer de mim?" ou "O que eu posso fazer por você?".

E quando isso for possível para nós, essa exigência para com os outros tenderá a diminuir, pois esse cuidado consigo mesmo traz saciedade emocional, asserena o desespero de ser visto, ouvido, atendido, e assim, a paz no coração já pode chegar.

Aqui termino me referindo ao capítulo 86 do livro *Caminho, verdade e vida*, de autoria espiritual de Emmanuel, que nos lembra da solidão de Jesus ao enfrentar seu momento derradeiro. Apesar de toda a generosidade de Jesus, seus amigos não puderam ser adultos naquele instante. E o exemplo do Mestre foi inspirador, quando se referiu a eles como "aqueles que não sabem o que fazem", pois eram crianças, e "toda criança teme e exige muito",[21] como nos diz Emmanuel. Nosso benfeitor afirma que também nós, diante de nossos desafios, talvez nos sintamos sozinhos, porém podemos compreender, tal como Jesus, que nossos entes queridos ainda "estejam crianças" nesse capítulo de suas vidas. Quem sabe possamos reconhecer agora, quantas vezes fomos nós, justamente, aqueles que "estivemos crianças".

---

21. Emmanuel [Espírito], Francisco C. Xavier [médium]. *Caminho, verdade e vida*. Brasília: FEB, 2015. [cap. 86]

No instante da solidão de Jesus, o Mestre se referiu aos seus amigos como "aqueles que não sabem o que fazem", pois eram crianças. Também nós podemos compreender que nossos entes queridos ainda "estejam crianças".

ANSIEDADE

"Não vos inquieteis com o amanhã, pois o amanhã se inquietará consigo mesmo! Basta a cada dia o seu mal."
JESUS

Novo testamento. Haroldo Dutra Dias (trad.). Brasília: FEB, 2013. [Mateus 6:34]

Creio que todos nós já sentimos algumas vezes – ou muitas – a presença da ansiedade em nosso cotidiano. E já sabemos também que a ansiedade tem muitas maneiras de se manifestar, e nas situações as mais diversas.

Em alguns momentos, sentimos aquela ansiedade conhecida como ansiedade "boa", que dá um friozinho na barriga diante de algo bom que está chegando de mansinho. Mas, podemos também sentir aquela ansiedade mais difícil de suportar, quando estamos diante da possibilidade de algo ruim acontecer, da ordem do inevitável, em que o controle da situação está completamente fora de nossas mãos.

Podemos rapidamente entender que a ansiedade, em si mesma, não é boa nem ruim, nem mesmo uma doença. É o clima que a gente respira! Não é algo que podemos decidir sentir, assim como escolhemos vestir uma calça preta ou uma branca. Não é, também, algo de que podemos nos livrar como se fosse externo a nós mesmos. Também não é algo que possa estar ausente de nossas vidas, pois precisamos dessa energia para nos mover dos perigos. A ansiedade mostra, expressa, como estamos lidando com as circunstâncias de nossas vidas. O que podemos, então, de verdade, e podemos muito, é cuidar de nossa ansiedade.

Quando nos sentimos muito ansiosos, queremos que a ansiedade desapareça, de tanto que ela nos incomoda. Geralmente, ela nos toma por inteiro, agitando o corpo, os pensamentos, provocando uma aceleração da respiração… E pode até provocar um aperto no peito. Podem aparecer inúmeros sintomas, como: insônia, queimação no estômago, fome de doces, entre outros. Aparece a dificuldade de concentração; fazemos muitas coisas ao mesmo tempo e não terminamos nenhuma das tarefas que iniciamos; nos irritamos facilmente e tudo acontece de modo acelerado, sem a possibilidade de conseguirmos parar. É ansiedade demais, também, quando mexemos no celular sem parar, quando trocamos o canal da televisão sem assistir a nenhum. Parece que fazemos um monte de coisas, mas, na verdade, estamos vivendo apenas ocupações que nos cansam e que não alcançam resultado algum. Nesses instantes, podemos sentir dificuldade até de orar, pois qualquer coisa parecida com quietude é impossível de conseguir. E quanto mais a queremos controlar, mais ela se mostra intensa. Para cuidar de nossa ansiedade é preciso primeiro compreender o que está acontecendo conosco.

Vamos começar pela questão do tempo. Quando estamos ansiosos, nossa experiência de tempo é aquela do "ainda não". Nosso corpo e nossa alma encontram-se desarmônicos, visto que onde a alma está o corpo ainda não pode se apresentar. Nossa alma está lá no amanhã, no depois, e não há nada que possamos fazer para que o dia tenha menos do que vinte e quatro horas e a semana, menos do que sete dias. Não poder mexer nos ponteiros do tempo é algo de intenso sofrimento. A ansiedade nos informa que é no depois de agora que queremos estar, mas eu gostaria de convidá-lo a olhar o instante presente. Ele nos mostra duas possibilidades de viver a ansiedade. Uma delas, querer morar no futuro, pode ser apenas um jeito de não estar no presente, e não necessariamente querer algo específico do futuro. Assim, o "correr" pode acontecer sem destino certo: pode ser correr para qualquer lugar, só para não ter que ficar no lugar em que se está. Podemos nos perguntar, então, quando em estado de ansiedade: "Do que estou correndo agora?"; "O que está tão difícil de aguentar, suportar, que preciso escapar para qualquer lugar, só para não ter que ficar onde estou?" ou "O que minha ansiedade diz sobre o que estou vivendo neste momento?".

A segunda maneira de vivermos a ansiedade pode se apresentar como algo que gostaríamos que viesse logo, embora saibamos que o que vem lá na frente vai ser difícil para nós, só para nos livrarmos logo, para passar logo pela experiência a fim de ter a certeza de que vamos sobreviver. A questão sobre a qual refletir é: sempre haverá algo do futuro que teremos de enfrentar, e poderão ser acontecimentos agradáveis ou não. Existir é um estar lançado a possibilidades das quais não temos visão prévia, apesar de podermos traçar alguns planejamentos sobre elas. Ficarmos obsessivamente de olho no futuro para evitar surpresas desagradáveis nos retira da grandeza do momento presente. E é no agora, somente no agora, que podemos nos nutrir, nos fortalecer e saborear nossas vidas. Querendo ou não, ansiosos ou não, a vida tem lados bons e ruins, independentemente de nossa vontade. Controle nenhum é capaz de resolver a imprevisibilidade da existência. É quase uma ilusão infantil insistir nesse controle e, portanto, trata-se de um projeto impossível de dar certo. Manter essa situação nos adoece, de tanta ansiedade que criamos para continuar nessa direção.

Temos um desejo enorme de controlar resultados para ter certeza de que tudo irá se dar conforme nossa vontade. Esse desejo de controle está na razão inversa de nossa possibilidade de crescimento. Querer controlar já é, de antemão, ter certeza absoluta do que precisamos para amadurecer. E, creiam, não temos como fazer isso. Sabemos muito pouco a respeito de quem somos e menos ainda a respeito de quem podemos ser. Se nossa vida estivesse totalmente e somente em nossas mãos, escolheríamos o que já conhecemos e isso reduziria em muito a nossa capacidade de testar nossas forças. Além disso, como conquistaríamos novos terrenos em nossas almas se os caminhos fossem sempre os mesmos, noite e dia?

Temos dificuldade de sustentar vazios, de suportar silêncios, de esperar a tessitura da perseverança que só o tempo pode trazer. É no tempo lento que as camadas virtuosas de nossa alma se estruturam e criam condições para novas experiências, para atravessarmos situações mais tensas em nossa caminhada. Na rapidez de resultados, na pressa de alcançarmos êxitos e na evitação de sofrimentos, pouco podemos conquistar e conhecer a respeito de nós mesmos.

Emmanuel afirma que

> Se o homem nascesse para andar ansioso, seria dizer que veio ao mundo, não na categoria de trabalhador em tarefa santificante, mas por desesperado sem remissão.[22]

Então, nosso benfeitor nos lembra que o estado de ansiedade deve apenas nos visitar em momentos que precisamos agir rapidamente. Porém, não deve ser nosso modo mais rotineiro de viver nossas vidas. Precisamos exercitar a conexão com nossa essência divina. Somos filhos de Deus, e está tudo certo como deve ser, mesmo que não tenhamos total entendimento dos acontecimentos. Podemos buscar o melhor, agir com todas as nossas forças na direção do que nos faz bem e para o bem de quem está ao nosso redor.

---

22. Emmanuel [Espírito], Francisco C. Xavier [médium]. *Pão nosso*. Brasília: FEB, 2018. [cap. 8]

E quando estivermos muito ansiosos, a sugestão é a de procurar alinhar nosso corpo à nossa alma, já que essa desarrumação, esse desalinho que se dá, é o que nos deixa sem saída nos quadros de ansiedade. É preciso trazer para o corpo a energia excessiva do pensamento e do sentimento, dar liberdade ao corpo para que ele possa nos ajudar a expressar as tensões. Como exemplos, podemos citar: iniciar exercícios físicos; ouvir uma música de que gostamos até o fim; fazer respirações conscientes que se iniciem depressa e se tornem cada vez mais lentas; buscar contato com a natureza; cuidar de plantas, animais ou fazer uma limpeza naquele cômodo da casa para o qual nunca temos tempo. Estas são opções melhores do que comer doces demais. Se for possível, fazer uma oração, mesmo que seja andando pela casa e em voz alta. É importante continuar orando até nos sentir mais tranquilos. Esses momentos favorecem pedidos de ajuda à espiritualidade amiga a ponto de nos emocionarmos conosco. Isso, certamente, proporciona conexão interior.

E, quando pudermos refletir, devemos nos perguntar para onde estamos querendo correr. Se for o caso de algo que desejamos que aconteça logo por medo do que virá, é hora de trilhar o caminho da fé no qual podemos dizer: "Eu entrego ao Universo essa questão. Até aqui, fiz o que pude; o restante deixo contigo, meu Pai". Mas se o sofrimento não estiver lá na frente e, na verdade, estiver aqui bem na nossa frente ou dentro de nós mesmos, é o momento de pensar, mais uma vez: "Do que eu estou correndo?". Sugerimos, então, um lugar para a esperança. E, junto de Emmanuel, lembrar que Deus não nos desampara, que Ele cuida de nós, eternamente. Inspirando-se na

Carta de Pedro,[23] nosso benfeitor nos aconselha, quando estivermos mergulhados em estados de ansiedade:

> Lança as inquietudes sobre as tuas esperanças em Nosso Pai Celestial, porque o Divino Amor cogita do bem-estar de todos nós.[24]

---

23. João Ferreira de Almeida (trad.). *Bíblia sagrada*. São Paulo: SBB, 2008. [*I Pedro* 5:7]
24. Emmanuel [Espírito], Francisco C. Xavier [médium]. *Op. cit.*

QUANDO ESTIVERMOS
MERGULHADOS EM
ESTADOS DE ANSIEDADE,
LANCEMOS AS
INQUIETUDES SOBRE AS
NOSSAS ESPERANÇAS
NO PAI CELESTIAL,
PORQUE O DIVINO
AMOR COGITA DO
BEM-ESTAR DE
TODOS NÓS.

CONEXÃO COM DEUS

"Os que procuram a própria iluminação pelo amor universal sabem que Deus dá sempre e que é necessário aprender a receber."
EMMANUEL

Pão nosso. Emmanuel [Espírito], Francisco C. Xavier [médium]. Brasília: FEB, 2018. [cap. 92]

O LHAR PARA A ESFERA RELIGIOSA DE NOSSAS VIDAS NÃO quer dizer que tenhamos que nos referir a uma religião específica. A religião é um caminho que explicita nossa experiência transcendente, de conexão com Deus. O espiritismo é uma religião que oferece muitos recursos para refletirmos sobre essa ligação profunda que temos com nosso Criador. Eu me refiro à necessidade humana de conexão, porque não nascemos para ser autossuficientes, pois, se assim fosse, perderíamos a melhor coisa que temos na vida, que é a possibilidade de amar e ser amado. Todavia, nosso modo mais comum de estar no mundo é um modo adormecido, de pouca qualidade de conexão, já usando aqui uma linguagem tecnológica. Manter nossa alma "em 4G", em boa conexão, ou em linguagem filosófica, sustentar nossa alma "desperta, acordada", é algo que exige muito esforço. A desconexão, o desligamento de nossa alma de si mesma, e dos outros, e de Deus é onde nos acostumamos a transitar, de modo que nem percebemos quão distante estamos ou somos uns dos outros, na vida. Mais longe ainda estamos de perceber as consequências dessa distância. Não temos nem consciência de que a sensação de desamparo existencial decorre dessa desconexão.

Este tema é tão antigo para a humanidade que Paulo de Tarso escreveu aos Efésios o seguinte: "Desperta, ó tu que dormes, levanta-te de entre os mortos e Cristo te iluminará".[25] "Levantar de entre os mortos" é uma ação que decorre de uma profunda decisão de participar do fluxo da vida. Decisão, mesmo, pois é uma escolha consciente que traz consigo consequências das quais não podemos nos isentar quando nos pomos a caminho. E só quando nos

---

25. João Ferreira de Almeida (trad.). *Bíblia sagrada*. São Paulo: SBB, 2008. [*Efésios* 5:14]

levantamos, depois de despertar, é que nos é possível adquirir esclarecimento, porque dormindo não conseguimos entender o que nos acontece, nem muito menos cuidar de nós mesmos. Dormir pode ser fechar os olhos para a vida espiritual e nos tomar por meros seres materiais; dormir pode ser resistir à direção que a vida nos chama; dormir pode ser mergulhar na indignação que não gera ação, e pode ser dizer não ao fluxo da vida.

E, ao levantarmos, diz Paulo, nossa vida se ilumina. Ele explica no versículo seguinte que, de pé, podemos olhar como andamos na vida. Que possamos escolher andar como sábios, e não como ignorantes de nossos passos, ignorantes da direção!

Então... despertar é conectar-se. E o que seria conectar-se consigo mesmo, com os outros, com Deus? Conexão é uma ligação que é carregada de sentido, de nexo. É sentir-se parte inseparável de algo, de alguém. É a experiência humana que mais nos nutre. Assim, podemos dizer que quando amamos a nós mesmos, a alguém ou a Deus, experimentamos uma conexão singular, especial, sagrada. Sentir-se filho de Deus, criatura divina, é, pois, uma experiência de conexão especialíssima. E é uma experiência sagrada. Não depende de entendimento intelectual nem de provas científicas. Prescinde de explicação ou comprovação. Simplesmente sentir-se conectado ao todo guarda relação com o Mistério da vida. E esse mistério diz respeito a jamais poder saber tudo sobre Deus, e de nos render a esse não saber de modo agradecido. Podemos chamar até de experiência cósmica, pois é inversa ao estado caótico, de dispersão, acaso, perdição ou desproteção.

Transitamos entre coisas e pessoas como se elas fossem externas e separadas de nós, destituídas de seu caráter sagrado. O que acontece é que as pessoas e as coisas possuem um coração. E possuir um coração é o que torna as coisas e as pessoas significativas para nós. Assim, podemos nos referir a um objeto com tamanha riqueza de sentimento como se estivéssemos falando de uma pessoa querida. Mais do que isso, podemos ouvir um objeto, pois o mundo fala para nós, constantemente, e se aguçarmos os nossos sentidos, podemos ouvir a mensagem das coisas, das paisagens, dos lugares, das pessoas... Podemos acessar, assim, o caráter evocativo que o mundo tem. Ao entrarmos em conexão com ele, podemos captar a evocação, o chamado singular de cada coisa que nos rodeia. Por exemplo, diante do mar, podemos evocar inúmeras sensações que emergem desse encontro: grandeza, imensidão, eternidade... E o mar deixa de ser somente uma quantidade de água junto a uma quantidade de areia para se tornar algo sagrado, a ponto de oferecer a sensação de que cada onda é capaz de levar nossas mágoas, e, na volta, trazer esperanças. Ficar diante do mar pode significar renovação, transformação, presença viva de Deus pela grandeza que se manifesta ali, quando podemos pisar na areia morna ou quando o mar encontra com o céu. Tudo à nossa volta é encharcado de sentido. Porque o homem é doador de sentidos. Os objetos não são meros objetos para o homem, não estão justapostos entre si. Estabelecemos uma relação com eles que se transforma com o tempo. Por isso, uma coisa qualquer, como um anel, pode ser extremamente significativo quando estamos em um namoro importante e, muitos anos depois, pode não guardar toda aquela intensidade e se tornar parte de nossa história afetiva de adolescente. E isso se dá porque somos leitores do mundo ao mesmo tempo que construímos o mundo em que vivemos. O que lemos – e como lemos – guarda total relação de quando algo aconteceu conosco. Podemos, assim, olhar o quarto de nosso filho que foi embora de casa, de duas maneiras simultâneas. Podemos ler a falta que ele faz quando olhamos os restos de mudança, as caixas, os objetos sem utilidade espalhados pelo chão. Podemos também ler que ali, no meio daquelas coisas, foi onde nosso filho teceu suas asas. E as teceu sob nossa proteção, cuidado e orientação. O que mais podemos querer além de que ele voe bem alto? São leituras de espaços, contatos, relações. E o que lemos não está escrito em lugar nenhum. São percepções que nascem de nosso encontro, de nossa conexão genuína com o que nos rodeia, sem julgamentos.

A conexão com nosso Criador pode se dar, desse modo, no contato direto com a natureza, com nossos amores, nossos pensamentos e emoções mais íntimas... e é nesse ponto que gostaria de mencionar a oração. Essa meditação com palavras que pode alcançar distâncias inimagináveis e não requer absolutamente nada mais do que segundos de conexão. A prece oferece plenitude e saciedade para nossas almas. Orar proporciona alinhamento espiritual, de modo que Deus é, em nós, instantaneamente, e no qual podemos experimentar uma ligação tão intensa que nada mais nos falta. Nesses instantes, podemos nos aproximar do impossível e sentir nossa essência divina.

E para terminar e ilustrar nossa conversa, cito uma passagem de Chico Xavier que me emocionou muito. Contam que, em uma de suas andanças por Pedro Leopoldo, uma mulher com filhos nos braços correu ao seu encontro. Dizia ela: "Chico, me ajuda! Meu filho está morrendo!" E Chico, expressando sua calma singular, respondeu: "Então vamos orar, minha filha, porque prece de mãe arromba as portas do céu!"

A CONEXÃO COM NOSSO CRIADOR PODE SE DAR NO CONTATO DIRETO COM A NATUREZA, COM NOSSOS AMORES, NOSSOS PENSAMENTOS E EMOÇÕES MAIS ÍNTIMAS... A PRECE OFERECE PLENITUDE E SACIEDADE PARA NOSSAS ALMAS. PODEMOS NOS APROXIMAR DO IMPOSSÍVEL E SENTIR NOSSA ESSÊNCIA DIVINA.

RAIVA

"As paixões são alavancas que decuplicam as forças do homem e o auxiliam na execução dos desígnios da Providência. Se o homem, porém, em vez de as dirigir, deixa que elas o dirijam, cai o homem nos excessos e a própria força que, manejada pelas suas mãos, poderia produzir o bem, contra ele se volta e o esmaga."

ALLAN KARDEC

O livro dos Espíritos. Allan Kardec. Brasília: FEB, 2018. [comentário à questão 908]

A raiva é um assunto muito vasto. Daremos aqui alguns pontapés iniciais para que você possa continuar com suas reflexões. A raiva está muito presente em nossos relacionamentos, nas atividades cotidianas, e, por isso, creio que vale a pena dedicarmos um tempo para pensar sobre ela.

Comecemos com uma metáfora a respeito da reencarnação. Ela é semelhante a uma excursão em que cada um de nós pertence a um determinado grupo de viagem. Somos passageiros nessa rota pela Terra. É uma viagem que, quanto ao tempo de duração, tem uma dupla dimensão, a depender de nosso ponto de vista. Se estivermos olhando nossa reencarnação do ponto de vista da espiritualidade, ela é uma viagem de curta duração, tendo em vista a imensidão, a infinitude que nos caracteriza e as inúmeras reencarnações que já tivemos e ainda teremos pela frente. Se estivermos olhando a partir da condição de viajantes de uma excursão, nossa viagem é longa. E ela, às vezes, pode nos parecer tão extensa que esquecemos que estamos apenas viajando, e que haverá um momento em que voltaremos para a nossa casa, no mundo espiritual. Somos sabedores de que viver uma viagem é algo de grande aprendizado e que, embora possamos fazer um planejamento para ela – e é indispensável que o façamos –, a viagem não acontece exatamente como planejamos. Haverá companheiros de excursão que voltarão antes de nós para casa e outros que chegarão de surpresa no meio do trajeto. Nessa longa e, ao mesmo tempo, pequena viagem, estamos sujeitos a muitos imprevistos e experiências de toda sorte. Isso demanda de nós todos uma abertura afetiva que permita que nossos amores venham e partam com amor. Não são tão tranquilas, para nós, essas mudanças em nosso grupo de excursão! Queríamos que nosso grupo ficasse intacto na ida e na volta... Porém, o que ainda estamos longe de entender é que a programação de cada um pertence a cada um, e tanto nós quanto os outros estamos juntos para nos auxiliar mutuamente nesse grande aprendizado. Convivemos na mesma excursão para aprender a amar. Viajamos para aprender... Mas absolutamente nada do planejamento de viagem do outro nos pertence. Cada um de nós terá necessidades diferentes ao longo do tempo em que estivermos juntos. E, por isso, nada sabemos sobre as necessidades dos outros; entretanto, podemos nos dedicar a observar quais são as nossas.

O que eu gostaria de acentuar é que esquecemos que estamos aqui em viagem de aprendizado. Quando esquecemos que todas as nossas experiências são provisórias, há um movimento de apego. E fazemos isso em uma tentativa de reter, segurar, suportar a provisoriedade que nos caracteriza como seres viajantes que somos. Apegados, esquecemos que nada do que temos é propriedade nossa; apegados, esquecemos que nossos relacionamentos afetivos são laços que não nos pertencem; apegados, esquecemos que nosso corpo físico possui as condições vitais adequadas ao tempo de duração de nossa viagem, nem mais nem menos... Logo, ele não é o mesmo do início ao fim. Enfim... Quantos entendimentos precisamos adquirir para poder experienciar esta reencarnação em sua justa dimensão, para melhor aproveitá-la, para cumprir a finalidade de estarmos aqui vivos com exatamente essas pessoas que fazem parte de nossa viagem evolutiva...

E quando nos movimentamos assim, esquecidos de que somos viajantes, e vivemos apegados às pessoas, ao nosso corpo físico, a bens materiais, como se aqui fosse nosso lugar definitivo, também podemos nos apegar a sentimentos que brotam de circunstâncias difíceis para nós. Grudados nos sentimentos, temos a ilusão de que podemos segurar os acontecimentos... E como não podemos, na verdade, segurar o tempo, pois ele leva e traz todos os acontecimentos, o apego surge como uma solução. E a raiva é o comportamento mais comum de manutenção de apego aos sentimentos, porque ela tem uma característica interessante: quanto mais nos conectamos com ela, mais intensa ela se torna. Às vezes, só de lembrarmos de algo que nos incomodou muito no passado, ela volta e pode até ficar um bom tempo conosco. Ficar com raiva é algo tão comum que é raro refletirmos sobre o que nos ocorre para que ela seja a emoção que escolhemos manter. Ela chega aos nossos corações todas as vezes que nossas necessidades afetivas não são atendidas. O modo mais conhecido de reagirmos a essas frustrações é por meio da raiva. É claro que, quanto mais maduros formos, mais tolerância para essas frustrações iremos adquirir e, portanto, menos raiva sentiremos. É uma questão de tempo e esforço para elastecer nossa capacidade de aguentar expectativas não atendidas. Mas a questão é que quando não conseguimos nos desgrudar das ofensas, das mágoas, nos mantemos ligados a elas por meio da raiva, que nunca cessa. Esse estado emocional, que passa a ser muito constante, revela que estamos muito apegados àqueles acontecimentos, porque não queríamos que tivessem acontecido.

Existem dois modos mais comuns de manifestar nossa raiva: expressando-a aberta e diretamente ou empurrando-a para o "subterrâneo" de nossas almas, fazendo com que se torne silenciosa e persistente. Podemos, então, nos tornar permanentemente explosivos ou doentes. O fato de frequentemente agirmos de modo raivoso não quer dizer que estamos cuidando da mágoa de uma maneira que nos permita superá-la. As pessoas cronicamente enraivecidas muitas vezes se sentem roubadas pela vida e culpam os outros por seus problemas. Raramente consideram que recebem o de que se julgam merecedoras. Às vezes, quando uma mágoa é relativamente leve, a pessoa pode até sepultá-la em vez de manifestá-la. Isso pode se tornar um mau hábito, porque muitos silêncios podem se somar e ocasionar muitas doenças. Quando isso acontece, nenhuma causa isolada da dor parece suficientemente importante para justificar que a pessoa sinta tanta raiva. Parece impróprio extravasar a raiva por pequenas feridas, e isso faz com que a pessoa escolha engolir todos esses desconfortos, mas não a retira do lugar de ressentida. Há, também, pessoas que dizem nunca ficar com raiva, e se comportam como se fossem invulneráveis; contudo, dizer que nunca sentem raiva é o mesmo que afirmar que não reconhecem sua raiva, pois é impossível convivermos sem nos incomodar com algo ou alguém. A raiva é uma emoção poderosa que consome nossa energia de várias maneiras, a ponto de podermos até dizer que não sentimos mais nada. Nesses momentos, a raiva tem a finalidade de nos impedir de identificar outros sentimentos em nossas almas.

Aprofundando um pouco mais essa reflexão, embora possamos reconhecer a raiva como sendo a emoção que surge imediatamente quando experienciamos contrariedades, ela é uma emoção reativa e, portanto, secundária. Na verdade, a raiva é um sentimento superficial. Não por ser falsa ou trivial, mas porque encobre muitos outros sentimentos que não desejamos sentir. É que a raiva é algo com que estamos mais acostumados, e que nos é permitido sentir. Não é que não devemos senti-la, porém, se nos perdermos em nossa raiva, ficaremos surdos aos nossos sentimentos mais profundos. Assim, se ela é secundária e reativa quer dizer que há algo que a antecede, e que a sua manifestação ocorre para nos proteger de nós mesmos. Qual seria nossa emoção primeira, então, diante da qual escorregamos rapidamente para a raiva? O medo. A raiva é uma forte e temporária reação emocional à sensação de estarmos sendo ameaçados, de alguma maneira, em nossas necessidades básicas de sobrevivência afetiva. Em vez de, no medo, procurarmos recursos na fé para atravessar a sensação de ameaça, deslizamos para a raiva, que é visivelmente mais forte, mas que, no entanto, revela nossa fragilidade emocional. Na maior parte das vezes, apenas identificamos que estamos com raiva sem ver o sentido dela, que é reagir à falta de segurança, de permanência, de estabilidade que caracteriza nossa marcha evolutiva aqui na Terra.

Joanna de Ângelis, no livro *Plenitude*, caracteriza esse nosso comportamento como sendo o sofrimento por impermanência.[26] Sofremos porque ainda é difícil suportarmos a provisoriedade de tudo o que nos rodeia, inclusive de nossas próprias emoções e reações. Estabilidade, permanência, eternidade, são atributos de Deus; logo, querer que nossas vidas sejam dotadas dessas características é esquecer que estamos aqui de passagem. Estamos em uma excursão e precisamos nos lembrar disso. Uma excursão de aprendizado que nos levará de volta para casa, nossa morada espiritual. E a condição da viagem é o exercício do desapego, cujo objetivo consiste em nos afeiçoarmos aos outros, às coisas, a nós mesmos, em sua justa medida, como nos informam os benfeitores espirituais em *O Evangelho segundo o espiritismo*:

---

26. Joanna de Ângelis [Espírito], Divaldo Franco [médium]. *Plenitude*. Salvador: LEAL, 2002. [cap. II]

O desapego aos bens terrenos consiste em apreciá-los no seu justo valor, em saber servir-se deles em benefício dos outros e não apenas em benefício próprio, em não sacrificar por eles os interesses da vida futura.[27]

Portanto, quando sentirmos muita raiva, seria um bom começo olhar para o nosso medo. E, ao olharmos para ele, termos compaixão de nós mesmos por ainda não podermos admitir que somos vulneráveis. Podemos, ao mesmo tempo, também dizer: "Posso deixar minha raiva ir e já posso cuidar do medo, pois já existe amor em mim".

---

27. Allan Kardec. *O Evangelho segundo o espiritismo*. Brasília: FEB, 2018. [cap. XVI, item 14]

QUANDO SENTIRMOS MUITA RAIVA, SERIA UM BOM COMEÇO OLHAR PARA O NOSSO MEDO. E, AO OLHARMOS PARA ELE, TERMOS COMPAIXÃO DE NÓS MESMOS POR AINDA NÃO PODERMOS ADMITIR QUE SOMOS VULNERÁVEIS. PODEMOS TAMBÉM DIZER: "POSSO DEIXAR MINHA RAIVA IR E JÁ POSSO CUIDAR DO MEDO, POIS JÁ EXISTE AMOR EM MIM".

DAR E RECEBER

"A caridade, segundo Jesus, não se restringe à esmola, abrange todas as relações em que nos achamos com os nossos semelhantes, sejam eles nossos inferiores, nossos iguais, ou nossos superiores. Ela nos prescreve a indulgência, porque de indulgência precisamos nós mesmos."

ALLAN KARDEC

O livro dos Espíritos. Allan Kardec. Brasília: FEB, 2018. [comentário à questão 886]

Quando vivemos uma situação difícil e nosso olhar fica completamente tomado pelo sofrimento, nos agarramos muito às circunstâncias, aos acontecimentos... é algo que sentimos grudar em nosso corpo, em nossa alma... Nosso pensamento se torna circular, e podemos fixar imagens difíceis de esquecer, frases que não conseguimos deixar de lembrar. Muitas vezes, nosso pensamento nos leva ao passado na tentativa inútil de encontrar respostas, em um desejo secreto de que o acontecimento deixe de existir. Há uma recusa intensa de nossas almas em aceitar o rumo dos acontecimentos que, certamente, é contrário ao que gostaríamos fosse. Em nossa perspectiva, nossa dor parece ser a maior dor do mundo, e achamos que ninguém nunca sentiu o mesmo... e podemos até sentir que essa dor nos faz especiais de alguma forma. Esse estado vicia o pensamento e nos leva a um único caminho; a possibilidade de recebermos qualquer tipo de ajuda é pequena. Podemos até achar que estamos desamparados pelo Universo, mas o que na verdade acontece nesse estado é que não conseguimos perceber, nem muito menos receber, qualquer auxílio. A espiritualidade maior fica atenta a qualquer chance que possamos oferecer para nos inspirar, porém é preciso nos desgrudar, pelo menos um pouco, da mesma rota mental. Entretanto, desgrudar requer trabalho...

Nosso pensamento tem a possibilidade de se tornar circular, porque ele é constituído por ondas que emitimos e recebemos, além de também ser um reflexo delas; por isso, se nos fixarmos em um único acontecimento durante muito tempo, enfrentaremos consequências difíceis, pois seria como assistir a uma única cena de um mesmo filme, sem que houvesse a possibilidade de nos emocionarmos com o resto da história. Pensamentos sintonizam emoções e criam ações correspondentes, como bem nos explica Emmanuel:

> Respiramos no mundo das imagens que projetamos e recebemos. Por elas, estacionamos sob a fascinação dos elementos que provisoriamente nos escravizam e, através delas, incorporamos o influxo renovador dos poderes que nos induzem à purificação e ao progresso.[28]

Porém, como o autor esclarece, temos a possibilidade de poder renovar esse fluxo de pensamento e trazer, para nós, muita melhora espiritual. Existem muitas possibilidades para essa renovação ocorrer. O importante é que haja algum descolamento entre nós e nosso sofrimento que permita liberdade de pensar, sentir, agir e voltar. *O Evangelho segundo o espiritismo* sugere que esse movimento aconteça por meio de nosso contato com os outros, uma vez que, dessa maneira, o homem abre mão de centrar-se somente em si mesmo.[29]

E de que maneira esse contato com o outro, o fazer o bem para alguém, pode realmente nos melhorar? À medida que fazemos o bem para alguém, a primeira coisa que acontece é que o nosso pensamento se desvia para outra coisa, rompendo o círculo vicioso entre nós e o sofrimento; surge assim uma distância, cria-se um espaço no qual passa a "circular ar", e é nesse espaço que a espiritualidade maior encontra condições de agir. Na viciação mental, não

---

28. Emmanuel [Espírito], Francisco C. Xavier [médium]. *Pensamento e vida*. Brasília: FEB, 2015. [cap. I]
29. Allan Kardec. *O Evangelho segundo o espiritismo*. Brasília: FEB, 2018. [cap. XVII, item 10]

há possibilidade de ação espiritual eficaz. Porém, basta um pequeno espaço para que fluidos benéficos possam nos alcançar a fim de sentirmos alívio e chegarem ideias novas, ânimo, intuições diversas.

Assim, fazer o bem é semelhante a abrir a porta para oferecer pão para alguém. Então, imagine que a campainha de sua casa toca e há alguém em sua porta com fome que lhe pede alimento. Você pode escolher abrir ou não a porta. Mas se você escolher ficar agarrado ao seu sofrimento, considerando que sua dor é maior do que a dor do outro que está do lado de fora, ou pensando que outra pessoa pode ajudar melhor do que você, pois você não tem nada para dar e prefere ficar encolhido em seu quarto, pouca coisa a espiritualidade ou alguém pode fazer por você... Se, por um lapso de segundo, você tiver alguma vontade de abrir a porta, faça-o rapidamente antes de desistir de oferecer o pão, pois é nesse segundo que a espiritualidade atua. Nenhum Espírito de luz desrespeita o nosso livre-arbítrio. Não existe invasão de privacidade no âmbito da luz! Os Espíritos do bem ficam próximos, mas somente agem se permitirmos.

Mas como a espiritualidade auxilia? Como acontece? Depois que você deu o primeiro passo, o de abrir a porta, vem o próximo passo. Que é aquele em que você percebe a fome do outro, a necessidade do outro, a dor do outro... E ao encontrar os olhos dele, ao lhe entregar o alimento, em átimos de segundo seu pensamento se desgrudará de sua própria dor. E, quando você fechar a porta, um certo bem-estar chegará, mesmo que pequeno, e, de repente, você terá vontade de fazer alguma outra coisa, dar um telefonema, comer algo... Essa é a ação da espiritualidade maior... emanam fluidos positivos em sua direção, força espiritual, sugestão de pequenas ações... e, inexplicavelmente, surgirá a vontade de abrir a porta outras vezes.

Tomemos como reflexão a epígrafe do espiritismo: "Fora da caridade não há salvação".[30] A que salvação se refere o texto? À salvação de nós mesmos, do sofrimento que intensificamos. Fazer a caridade é abrir a porta, e abrir a porta nos salva. Por isso, Francisco de Assis nos diz: "é dando que se recebe". Não quer dizer que se você der pão, irá receber pão. Dar é abrir a porta para receber a força de que você precisa. Como o sol poderá entrar por uma janela cuja veneziana está fechada? É preciso espaço entre você e seu sofrimento para que os Espíritos possam intuir. É preciso alguma brecha e, talvez, a mais eficaz seja o trabalho do bem. Ele não nos isenta do sofrimento; no entanto, nos oferece condições de atravessar todo e qualquer sofrimento. A frase conhecida "ajuda-te que o céu te ajudará"[31] é um convite para que cada um dê o primeiro passo, pois ajudar-se é fazer a sua parte. E isso é necessário não porque a espiritualidade esteja de má vontade e não queira agir em seu favor. É necessário que façamos nossa parte porque é nesse agir que nos fortalecemos. É nesse agir que nossa luz tem a oportunidade de brilhar. E, principalmente, porque a espiritualidade maior nos trata como adultos. Se fôssemos crianças, Deus traria o copo de água em nossas mãos porque seríamos incapazes dessa ação. Uma vez que somos adultos, ele oferece a água por meio de inúmeros mensageiros do bem que nos trazem fluidos espirituais, mas o movimento de levar o copo até a fonte já pode e deve ser nosso. Se assim não fosse, como e quando se daria nosso crescimento espiritual? O capítulo xxv de *O Evangelho segundo o espiritismo* começa com as palavras de Jesus:

---

30. *Ibidem.* [cap. xv]
31. *Ibidem.* [cap. xxv, item 2]

"Pedi e se vos dará; buscai e achareis; batei à porta e se vos abrirá [...]".[32] Batei à porta... Como se bate? Essa é a tarefa da prece. A oração é o meio de comunicação mais eficaz que temos de bater às portas do céu, de pedir o auxílio de que precisamos. Continua Jesus [*Mateus* 7:7–11]:

> Qual o homem, dentre vós, que dá uma pedra ao filho que lhe pede pão? Ou, se pedir um peixe, dar-lhe-á uma serpente? Ora, se, sendo maus como sois, sabeis dar boas coisas aos vossos filhos, não é lógico que, com mais forte razão, vosso Pai que está nos céus dê os bens verdadeiros aos que lhos pedirem?[33]

Jesus nos informa que Deus conhece todas as nossas necessidades, mas que precisamos nos movimentar para que sejam atendidas, para que possamos ser filhos de nossas próprias obras.[34]

Desse modo, o movimento de receber só pode surgir de nós quando desistimos de negar os acontecimentos ou de nos revoltar contra eles. Quando estamos assim, sem concordar com a vida, é como se colocássemos o copo de água com a boca para baixo, não conseguimos matar nossa sede, porque, embora haja muita água, ela não enche nosso copo de jeito nenhum. Mais adiante, nesse mesmo capítulo, lemos:

---

32. *Ibidem*. [cap. xxv, item 1]
33. *Ibidem*.
34. *Ibidem*. [cap. xxv, item 3]

[...] os Espíritos não vêm isentar o homem da lei do trabalho: vêm unicamente mostrar-lhe a meta que lhe cumpre atingir e o caminho que a ela conduz, dizendo-lhe: Anda e chegarás. Toparás com pedras; olha e afasta-as tu mesmo. Nós te daremos a força necessária, se a quiseres empregar.[35]

Não é maravilhoso descobrir que estamos acompanhados, que somos protegidos por Deus?

E por fim, no item 5, os Espíritos dão esclarecimentos quanto ao que podemos pedir em nossas preces... São quatro pedidos poderosos: luz, força, assistência e bons conselhos. Luz, para esclarecer o que está acontecendo conosco; força, para resistirmos ao que nos faz mal; assistência de bons Espíritos, para nos intuir; e bons conselhos, que nos ajudem a tomar decisões saudáveis.

Além disso, os Espíritos nos orientam a fazer esses pedidos por meio de orações, com muita fé, pois a confiança e a certeza de que nosso Pai jamais nos abandona é a porta que precisamos abrir para seguir rumo ao crescimento espiritual.

---

35. *Ibidem.* [cap. xxv, item 4]

O MOVIMENTO DE
RECEBER SÓ PODE
SURGIR DE NÓS QUANDO
DESISTIMOS DE NEGAR
OS ACONTECIMENTOS
OU DE NOS REVOLTAR
CONTRA ELES, COMO
SE COLOCÁSSEMOS O
COPO DE ÁGUA COM A
BOCA PARA BAIXO,
NÃO CONSEGUIMOS
MATAR NOSSA SEDE,
PORQUE, EMBORA HAJA
MUITA ÁGUA, ELA NÃO
ENCHE NOSSO COPO.

ALEGRIA

"Os bens espirituais que, irradiados de nós mesmos, aumentam o teor e a intensidade da alegria em torno de nossos passos."
EMMANUEL

Fonte viva. Emmanuel [Espírito], Francisco C. Xavier [médium]. Brasília: FEB, 2018. [cap. 117]

Você já reparou que quando estamos alegres temos dificuldades em restringir a um só evento o motivo de nossa alegria? E mesmo quando identificamos esse acontecimento gerador, nossa alegria não se circunscreve a ele? Pois então... Isso se deve ao fato de a alegria ser um estado de espírito que, embora se inicie em algo diferente que tenha acontecido, ela transcende, transborda e se espalha por todo o nosso campo vital. Assim como a água de chuva molha indiscriminadamente por onde passa, a alegria faz o mesmo. Ela começa de mansinho e dali a pouco tudo o que acontece ao nosso redor é tingido por uma sensação boa que indica estar tudo bem.

E a alegria já estava presente na vida de Paulo de Tarso. Esse apóstolo que enfrentou tantas dificuldades e suportou tanta solidão, como podemos ver por sua carta dirigida aos filipenses, que diz assim: "Alegrai-vos sempre no Senhor; outra vez digo: alegrai-vos".[36] Fico aqui pensando que essa afirmativa de Paulo nos convida a nos alegrarmos sempre. Que coisa importante é esse convite, pois ele afirma que há possibilidade de a atmosfera da alegria estar presente mesmo nos momentos difíceis. Desenvolveremos mais um pouco essa ideia por meio de outro trecho da mesma carta, no versículo 6: "Não andeis ansiosos por coisa alguma". Nessa passagem, Paulo nos fala que a alegria é um estado de espírito intimamente ligado à possibilidade de estarmos presentes em nossas vidas, pois na ansiedade não há como nos alegrarmos. Na ansiedade não há presença, estamos no futuro, estamos juntos do que ainda não aconteceu, preocupados com o que ainda virá. Então, para a alegria se manifestar em nosso coração, para darmos passagem a ela,

---

[36.] João F. Almeida (trad.). *Bíblia sagrada*. São Paulo: SBB, 2008. [*Filipenses* 4:4.]

precisamos olhar para o que está acontecendo agora, no momento presente, em nossa vida. A alegria é, de certo modo, uma decisão! Tanto que na *Carta aos coríntios* ele nos escreve:

> [...] mas deliberei isto comigo mesmo: não ir mais ter convosco em tristeza, porque, se eu vos entristeço, quem é que me alegrará, senão aquele que por mim foi contristado?[37]

Veja que Paulo está se dando conta de que se ele ficasse mergulhado na tristeza, olhando somente para o que o entristeceu, também contagiaria os outros com o mesmo sentimento. Então, ele tomou uma decisão: eu não vou estar mais com vocês assim, mergulhado na tristeza... Vou procurar estar de outra maneira, ocupado, ligado, prestando atenção nessa relação que tenho com vocês, com alegria! Ele mostra que, junto dos que ama, procurará cultivar um afeto positivo, que não sobrecarregue seus amigos. Por outro lado, no mesmo capítulo, versículo 4, ele explica que a tristeza ficou grande porque o amor que nutria por eles era grande também. Vejamos:

> Porque em muita tribulação e angústia do coração vos escrevi, com muitas lágrimas, não para que vos entristecêsseis, mas para que conhecêsseis o amor que abundantemente vos tenho.[38]

Há nesse ponto uma junção interessante: amor e tristeza não são excludentes. Talvez justamente porque amamos tanto, podemos nos entristecer pela distância. Porém, podemos, mesmo assim, nos dirigir à alegria por decisão, sem

---

37. *Ibidem*. [II Coríntios 2]
38. *Ibidem*. [II Coríntios 2:4]

que isso represente amar menos ou mais. O amor pode acolher ambos os sentimentos.

Diante dessas declarações de Paulo, podemos afirmar com segurança que a alegria é dotada do caráter de presença; talvez essa até seja a sua condição de manifestação. Ela aparece junto do que nos ocorre no agora, no momento presente, podendo até se prolongar, porém, depende exclusivamente de nossa atitude, de estarmos conectados com quem estamos e com onde estamos agora. Todavia, em nosso cotidiano, costumamos nos afastar facilmente do que nos ocorre e, portanto, nos distanciamos da possibilidade de nos nutrir do que poderia nos alegrar. Por exemplo, assim que algo bom chega, podemos começar a nos preocupar: "Mas e se eu não conseguir dar conta?"; "E se isso não continuar?"; "E se essa coisa boa acabar, o que vou fazer?". Se nos mantivermos nessa direção, nesse mar de dúvidas do "e se?", já perderemos contato com a alegria, pois nossa alma já estará morando no futuro, querendo controlar as circunstâncias. O que Paulo nos convida a fazer é vir para o presente, quando diz para não andarmos ansiosos por coisa alguma. Pois o que está acontecendo é o que importa, e é onde a alegria pode nascer e nos tomar. Podemos assim ficar alegres por qualquer coisa e por todas as coisas; a alegria é um sentimento que tem o caráter da expansão. Quando permitimos que a alegria nos atravesse, muita nutrição em nossas almas se dá. E isso acontece porque nessa sintonia a espiritualidade maior encontra condições perfeitas de nos intuir, acolher, inspirar... E junto da alegria nasce então a esperança. Mesmo que o amanhã ainda não esteja claramente presente aos nossos olhos, a alegria convida a esperança para habitar nosso coração. É que "a paz de Deus excede todo entendimento", como afirma Paulo em sua *Carta aos filipenses*.[39] Para nos sentirmos em paz não é preciso que tudo esteja sob controle ao nosso redor. Muitas vezes, não entendemos os caminhos que nossa vida nos chama a trilhar, mas nem por isso temos que abrir mão da alegria nesse caminhar. A alegria não precisa da autorização da razão para existir.

Por isso, mesmo em um momento difícil, a alegria pode estar presente, pois podemos olhar para o sentido daquela experiência... Podemos olhar para onde ela nos leva, ouvir o chamado que está presente naquilo que tanto desarruma a nossa vida. Talvez esse acontecimento nos leve para uma arrumação melhor, mais consciente, mais amadurecida. Então, ele é motivo de alegria, mesmo que ainda não seja totalmente prazeroso experimentá-lo. É motivo de alegria quando podemos reconhecer que os acontecimentos de nossa vida não estão aí por acaso – que não estamos à deriva – e que há algum propósito neles. Eles guardam em si a possibilidade de nosso crescimento se fizermos deles a oportunidade para isso acontecer.

E nessa sintonia da alegria, juntamente com o sentimento de esperança pelo novo que se anuncia de nós mesmos, Joanna de Ângelis afirma que é possível nos conectarmos com o sentimento de gratidão.[40] Sim, gratidão, porque podemos agradecer pela oportunidade de crescimento, de uma nova arrumação que podemos dar à nossa vida e que, certamente, pode nos engrandecer, nos curar, trazer expansão, inteireza...

E embora a tristeza seja uma revelação da dimensão de nosso amor, podemos entender a alegria também como uma

---

39. *Ibidem*. [*Filipenses* 4:10]
40. Joanna de Ângelis [Espírito], Divaldo Franco [médium]. *Psicologia da gratidão*. Salvador: LEAL, 2011.

revelação da dimensão de nossa vontade de viver, como uma decisão de um modo de viver, de um movimento da alma para algo maior. Para isso, precisamos estar conectados com nossa vida agora, com o que nos acontece no presente.

Por fim, quero sugerir que quando você estiver diante de situações muito difíceis e tiver a impressão de que elas são muito maiores do que você, procure um lugar grande também para ficar quieto por um pouco de tempo. Um lugar como a natureza, que é divina e acolhedora: o mar, uma floresta, o céu, um horizonte, ou seja, uma paisagem grande também. Que nesse lugar você possa compartilhar o peso do que estiver sentindo com o Universo, pois quando somos convidados a nos sentar ao lado do Mistério da vida, tudo se desarruma em nosso cotidiano. Esse é o momento de reconhecermos a grandeza do que está acontecendo, de reconhecer que a vida transcende nosso cotidiano estruturado, nossos planejamentos ideais. Podemos, então, desse lugar de entendimento e concordância, tecer a cura que o tempo opera em nós. E podemos passar por tudo isso com alegria.

A ALEGRIA NÃO PRECISA DA AUTORIZAÇÃO DA RAZÃO PARA EXISTIR.

APEGO

"O amor aos bens terrenos constitui um dos mais fortes óbices ao vosso adiantamento moral e espiritual. Pelo apego à posse de tais bens, destruís as vossas faculdades de amar [...]"
LACORDAIRE

O Evangelho segundo o espiritismo. Allan Kardec. Brasília: FEB, 2018. [cap. XVI, item 14]

O CAPÍTULO XVI DE *O EVANGELHO SEGUNDO O ESPIRITISMO* versa sobre o apego à vida material a que somos inclinados estabelecer quando reencarnamos e sobre a necessidade de nos dirigirmos à nossa essência espiritual. Esses temas são muito importantes porque precisamos estar atentos ao princípio de que somos Espíritos em aprendizado na vida material. O esquecimento dessa nossa natureza nos faz lidar com a vida material de modo apegado, rígido, controlado, e isso dificulta muito a realização de nossa verdadeira caminhada, além de nos desviar do que seria o essencial para nós. Essa nossa atração, quase irresistível, em cumprir e repetir hábitos e regras em nossa vida cotidiana é tão preocupante que André Luiz afirma: "a verdadeira morte começa na estagnação".[41] Portanto, procurar oxigenar nossas vidas é tarefa para todo momento.

Os hábitos e as regras sociais que atendemos rotineiramente são estabelecidos e mantidos pelos grupos com os quais convivemos durante toda a vida. Eles são reguladores da vida social na medida em que permitem a convivência entre pessoas de variadas origens e processos educacionais diversos, em um mesmo lugar, durante um determinado tempo.

Além de viabilizar a convivência social, os hábitos também são modos rotineiros que criamos para atender aos instintos mais básicos, tais como: fome, sede, sono, enfim, necessidades físicas que têm como finalidade a preservação da vida biológica. Essa preservação é indispensável para que o espírito possa dar conta de sua encarnação, pois, sem o corpo, como é que ele continua seu processo evolutivo? Além disso, precisamos de um pouco de rotina, desde os

---

41. [Espíritos diversos], Francisco C. Xavier [médium], Waldo Vieira [médium]. *O espírito da verdade*. Brasília: FEB, 2018. [cap. 2]

mais óbvios hábitos higiênicos até as regras sociais para que a vida em comum possa acontecer.

A instauração de um hábito novo em nossa vida exige muito esforço de nossa parte, e quando ele é conquistado, já nem percebemos mais quando e como ele acontece; simplesmente cumprimos aquele ato de modo automático, o que demonstra estarmos bastante adaptados à presença dele em nosso cotidiano. Mas não devemos repousar nessa adaptação, pois, se assim for, podemos perder de vista que temos de cumprir o que aquele hábito nos exige, tornando-nos iguais a máquinas ou nos condicionando como animais. Nossos hábitos precisam estar presentes em nosso dia a dia com finalidades claras para não se tornarem ações automáticas. Pois, se assim não for, viver será um eterno cumprir regras e hábitos que tornarão os dias cansativos e tediosos, e em breve pode surgir uma constante sensação de falta de sentido para viver. Viver, então, começa a pesar, porque a lista de hábitos a dar conta aprisiona. Essa falta de liberdade aparece na medida em que cumprir regras, que já não se sabe por que têm que ser cumpridas, emudece a vontade própria. Vamos ficando tão surdos a nós mesmos que, quando nos perguntamos o que queremos, a resposta é algo automático ditado pela regra, ou então: "não sei". Tal fenômeno também ocorre, com frequência, entre os povos envelhecidos que tiveram pouco contato com outras culturas e em indivíduos idosos. Ambos sofrem com o peso dos hábitos adquiridos ao longo dos anos que, por não terem se modificado, promovem desconforto. Mesmo assim, esses grupos não conseguem se libertar desses hábitos que, por se apresentarem assim, são chamados de "arraigados". Por isso, ao longo da História, sabemos de vários povos que só se libertaram do jugo dos hábitos por meio de revoluções. É preciso algo forte para romper com a força dos hábitos!

Fazendo uma analogia, poderíamos dizer que em nossas vidas, também, precisaremos fazer diversas "revoluções" para nos libertar de hábitos e regras que nós mesmos fizemos questão de instaurar e manter, mas que, em determinadas fases de nossas vidas, em vez de facilitar, dificultam muito o nosso desenvolvimento. É claro que os hábitos são necessários, porque sem eles teríamos que improvisar o tempo todo, teríamos que sempre fazer tudo diferente, o que tornaria o viver muito cansativo e não traria benefícios. Mas estamos querendo chamar a atenção para o fato de que é assim que regras e hábitos sem finalidade, que se transformam fins em si mesmos, que não permitem serem postos em questão e sobre os quais não podemos refletir, tornam-se vícios. Isso mostra o quanto os hábitos podem nos proteger da reflexão, do contato com nosso pensar e com nossa vontade.

Diz o autor Emmanuel que "todos nós precisamos da ordem", pois sem ela corremos o risco do capricho tomar conta de nossas ações.[42] Será que nós, muitas vezes, em nome da regra, não nos tornamos caprichosos? Como se fôssemos crianças birrentas que querem ter suas vontades atendidas sempre do mesmo jeito? Nessa perspectiva, inúmeras injustiças são cometidas em nome da regra porque a colocamos à frente das necessidades do homem. Quando a lógica fica a serviço de nossas paixões (como a raiva, a frustração, o orgulho ferido...), o hábito, a regra, se tornam inflexíveis e somos implacáveis no atendimento delas. Assim, onde está a reflexão que traria a flexibilidade necessária às normas para que estas possam se ajustar às necessidades humanas?

Por outro lado, temos também aqueles que por ausência de hábitos vivem uma vida desregrada, em profundo

---

42. Emmanuel [Espírito], Francisco C. Xavier [médium]. *Estude e viva*. Brasília: FEB, 2015. [cap. "Lugar para ela"]

desequilíbrio, pois sem uma rotina mínima, que promova a saúde, ficamos surdos aos pedidos do corpo (não sentimos fome, sede, nem sono, por exemplo) e aos do mundo (somos sempre inadequados em relação aos grupos). Desse modo, o corpo precisa adoecer para que o espírito ouça suas necessidades. Podemos dizer até que o corpo grita! Muitas vezes, o adoecimento se dá no âmbito emocional quando o isolamento passa a promover solidão, timidez, depressão. Estas também são expressões da alma clamando por instauração ou mudança de hábitos.

Portanto, precisamos nos relacionar de tal maneira com nossos hábitos que, mesmo sendo bons, nos seja possível abandoná-los um dia. Justamente por nos sentirmos tão bem com um hábito ou porque por meio dele asseguramos nossa existência, passamos a considerá-lo indispensável para viver. Quando isso acontece, ele passa a ser a única possibilidade de nos sentirmos bem. Muitas vezes, nosso bem-estar parece emanar exclusivamente dele, fazendo com que nos tornemos cumpridores de hábitos e regras, com nossa vida só podendo acontecer se for de acordo com nossos planejamento e organização. Nada contra planejar e organizar, mas quando isso é condição indispensável para cuidar da vida, nos tornamos muito frágeis diante de imprevistos e acontecimentos inesperados, gerando desequilíbrios emocionais desproporcionais aos fatos. Seguindo a mensagem de Jesus: que nosso agir seja "sim, sim; não, não". É preciso saber dizer sim à utilidade dos hábitos, porém é preciso saber dizer não a eles para impedi-los de nos absorver a ponto de nos desviar de nossos objetivos. Esse equilíbrio, que necessita da reflexão para ser alcançado, chama-se serenidade.

É PRECISO SABER DIZER SIM À UTILIDADE DOS HÁBITOS, PORÉM É PRECISO SABER DIZER NÃO A ELES PARA IMPEDI-LOS DE NOS ABSORVER A PONTO DE NOS DESVIAR DE NOSSOS OBJETIVOS. ESSE EQUILÍBRIO, QUE NECESSITA DA REFLEXÃO PARA SER ALCANÇADO, CHAMA-SE SERENIDADE.

ORGULHO

"O melindre – filho do orgulho – propele a criatura a situar-se acima do bem de todos."
CAIRBAR SCHUTEL

O espírito da verdade. [Espíritos diversos], Francisco C. Xavier [médium], Waldo Vieira [médium]. Brasília: FEB, 2018. [cap. 36]

Em *O Livro dos Espíritos*, questão 785, os espíritos afirmam que o egoísmo e o orgulho constituem os maiores obstáculos ao progresso da humanidade. Imaginem... Maiores obstáculos! Então, não há dúvidas de que precisamos cuidar do egoísmo e do orgulho para que nossa caminhada evolutiva possa fluir livremente.

Como sabemos, a doutrina espírita, que foi anunciada por Jesus com o propósito de nos consolar e orientar rumo ao crescimento espiritual, chegou até nós pelo trabalho de Kardec. Essa doutrina oferece um ponto de vista importante sobre a nossa condição aqui na Terra: a reencarnação atual faz parte de um grande processo evolutivo do qual temos informações muito restritas, ainda. O que conseguimos compreender sobre Deus, mundos, provas e expiações, e vida espiritual é correspondente, proporcional, à nossa condição de entendimento. Depende, então, de nossa faixa evolutiva a percepção que temos de nossas vidas passada, presente e futura. Portanto, ainda temos muito o que compreender. Assim, frases que cotidianamente dizemos, tais como: "Deus não é justo"; "Isso não poderia acontecer!"; "Como é que Deus deixa isso acontecer?" refletem, exatamente, quanto nossa ignorância ainda nos nubla a visão.

Nesse sentido, a doutrina espírita vem para nos libertar dessa ignorância ao trazer esclarecimentos sobre a vida futura e, assim, nos oferecer esperança. Esperança de dias melhores, pois estamos experimentando a transitoriedade da vida física; portanto, uma esperança que se apoia no esforço de melhorar a si mesmo presente em cada um, e, ao mesmo tempo, na colaboração com o crescimento dos outros que acompanham nossa jornada. Esses dois movimentos só acontecem, verdadeiramente, juntos, jamais um em detrimento do outro ou anterior ao outro. No entanto, para que esse crescimento se dê é preciso transformação moral.

É fácil perceber que muitos problemas e misérias da vida têm origem no orgulho e no egoísmo: basta que cada um queira satisfazer seus desejos sem pensar nas consequências ou aja em benefício próprio em detrimento do bem alheio. Somente os outros agem assim ou nós também o fazemos? Muitas vezes, nos julgamos melhores e, em nosso ponto de vista, nunca somos nós os egoístas, nem muito menos os orgulhosos. Podemos até afirmar: "Sou orgulhoso mesmo!" e no coração não existir vontade alguma de ser diferente. Para falar a verdade, os outros, o mundo, seriam bem melhores se fossem como achamos que deveriam ser, não é mesmo? Quantas vezes exaltamos nossas qualidades, dizendo: "Mas eu não faço assim com ele! Como é que ele age assim comigo?". Essa frase sugere que somos o modelo a ser seguido... Mas quem nos elegeu para este lugar? Quantas vezes usamos nossa autoridade para fazer valer o que queremos que prevaleça? Ou mesmo em um grupo de amigos, ficamos com raiva quando as pessoas pensam diferente de nós ou quando não fazem o que queremos? Como é difícil suportar aquele que pensa diferente, que faz diferente do que eu considero que seja o melhor. Essa importância exacerbada que damos a nós mesmos nos deixa com a visão curta, ou talvez seja a própria visão curta que nos deixa tão autorreferidos, egoístas... E se essa atitude provém da certeza de nossa superioridade; aí se apresenta o orgulho.

Mas de onde vêm o orgulho, o egoísmo? Deus criou? Não. Segundo o livro *Obras póstumas*, de Kardec, eles nascem do instinto de conservação, que teve sua utilidade quando a natureza animal predominava em nós, antes de desenvolvermos consciência. Deus não criaria algo inútil. A necessidade da conservação se torna prejudicial quando exageramos e nos demoramos tempo demais nela, negando-nos a usar recursos da inteligência que a vida adulta oferece para o nosso cuidado. Então, Deus não nos criou egoístas e orgulhosos. Fomos criados simples e ignorantes, e cabe a cada um de nós descobrir como trilhar o caminho evolutivo. Podemos aqui lembrar da relação que há entre o livre arbítrio e o determinismo. Neste último, nossos comportamentos se assemelham ao dos animais e são totalmente esperados, pois provêm do instinto. No livre arbítrio, temos a liberdade que se dá a partir do determinismo biológico. Essa liberdade de agir vai tomando proporções cada vez maiores à medida que o Espírito progride. Ou seja, tomamos decisões a partir das contingências a que estamos submetidos, mas não determinados. Sim, temos contingências existenciais presentes, independentes de nossa vontade. Porém, o que cada um faz a partir de seu entorno é de responsabilidade própria, é o âmbito da liberdade pessoal. Assim se faz o caminho que cada um trilha, à sua maneira.

É importante deixar clara a diferença entre orgulho e egoísmo. O orgulho é quando me sinto superior aos outros, quando considero que somente eu é que sei falar sobre tal assunto, que somente eu tenho certeza de que faço bem determinada coisa e que, se eu não fizer, ninguém vai fazer tão bem quanto eu. Esse posicionamento, que no começo parece nos fazer bem, nos faz buscar privilégios, compensações, porque, afinal de contas, se torna custoso para nós. O egoísmo é quando queremos esses benefícios só para nós, porque chegamos à conclusão de que merecemos o privilégio. E assim, o egoísmo e o orgulho se entrelaçam de uma tal maneira que não nos importamos mais com o que acontece com o outro.

Sendo tão prejudiciais, o orgulho e o egoísmo ferem os princípios morais. Lembre-se das leis morais que regem nossa relação com Deus, com o mundo e conosco, e que constam em O *livro dos Espíritos*. Elas se apoiam em três princípios fundamentais: fraternidade, igualdade e liberdade. Kardec, em *Obras póstumas*, esclarece que esses princípios representam toda ordem social. Se fossem levados a feito, a humanidade realizaria seu progresso absoluto.[43]

A fraternidade é a base, porque resume todos os deveres dos homens uns para com os outros. Sem ela não é possível haver igualdade entre os homens. A liberdade precisa da presença das outras duas para se manifestar, de modo pleno.

A fraternidade significa devotamento, abnegação, tolerância, benevolência, indulgência. Ser fraterno é proceder com os outros como gostaríamos que os outros procedessem conosco. A fraternidade diz: "Um por todos e todos por um!" Ser fraterno é tratar os outros como irmãos e querer para eles o que queremos para nós. Portanto, é jamais permitir que aconteça com os outros o que não gostaríamos que acontecesse conosco.

Em um povo fraterno, isto é, de irmãos, a igualdade é uma consequência. A igualdade diz: "Somos todos iguais perante Deus!" Não há privilégios na justiça divina, logo o que nos separa é o tempo de amadurecimento de cada um. O inimigo da liberdade é o orgulho, que faz com que nos achemos melhores ou mais merecedores que os outros. Todos fomos criados para a perfeição e nos dirigimos para ela.

A liberdade diz: "Confiança mútua!" A necessidade que sentimos de dominação decorre de nossa desconfiança nos outros e em Deus, de que nossos direitos não estão garantidos. Mas em um mundo fraterno, no qual todos são irmãos e, consequentemente, iguais, sem privilégios, um

---

43. Allan Kardec. *Obras póstumas*. Brasília: FEB, 2017. [ver na primeira parte: "Questões e problemas", item "Liberdade, igualdade e fraternidade"]

cuida do outro, não havendo motivos para desconfiança. Assim, a liberdade não ofereceria perigo. Contudo, em um mundo no qual as pessoas ainda se sentem arrastadas pelo egoísmo e pelo orgulho, o que fazemos com a liberdade?

A fim de que esses três princípios possam estar presentes em nossas ações é importante encontrar, em nosso coração, as motivações do orgulho e do egoísmo, pois assim, certamente, os sofrimentos decorrentes deles se transformarão em aprendizado e evolução.

AS LEIS MORAIS SE APOIAM EM TRÊS PRINCÍPIOS FUNDAMENTAIS: FRATERNIDADE, IGUALDADE E LIBERDADE.

"Aquele, pois, que se isola, priva-se voluntariamente do mais poderoso meio de aperfeiçoar-se."
UM ESPÍRITO PROTETOR

O Evangelho segundo o espiritismo. Allan Kardec. Brasília: FEB, 2018. [cap. XVII, item 10]

Quando ouvimos a palavra "afeto", imediatamente pensamos em amor. Muitas vezes, até substituímos um termo pelo outro, como se tivessem o mesmo significado. Em decorrência disso, costumamos dizer "tenho afeto" ou "não tenho afeto" por alguém. Seria a afetividade algo de que alguns de nós nasceram desprovidos ou o contrário, uma virtude que alguns já possuem de modo pleno?

Allan Kardec esclarece o assunto na resposta à questão 768 de *O livro dos Espíritos:* todos nós precisamos uns dos outros para poder progredir, para poder sobreviver, pois nenhum homem nasce completo. É na convivência que cada um de nós assegura condições para que haja bem-estar e progresso para todos. Para que isso seja possível, é necessário que todos sejamos permeáveis à troca, ao dar e receber, variando entre nós o grau em que essa permeabilidade se dá. Sendo assim, todos os Espíritos, encarnados ou não, afetam uns aos outros e são afetados uns pelos outros. Somos assim capazes de ser tocados e tocar a alma uns dos outros, simultânea e indefinidamente. E, muitas vezes, sem consciência do quanto nos tocamos mutuamente. A afetividade, então, seria a condição humana de todos nós, ou seja, nos constitui e independe de nossa vontade para tal. O que varia em cada Espírito, então, é o grau, a intensidade, a qualidade; enfim, o modo como essa afetividade se mostra em cada um de nós.

Dessa maneira, somos capazes de sentir os outros e até de sentir a nós mesmos, porque nossa condição humana permite que sejamos afetados por outros seres humanos e vice-versa. E é por isso que podemos amar, que podemos odiar, que podemos nos sentir culpados, com raiva, e até indiferentes, pois todas essas expressões, entre outras, são modos de afetar e sermos afetados pelo mundo. Se não fôssemos seres *afetáveis* e *afetivos* não seria possível manifestar nenhum sentimento em nossos contatos. Portanto, afeto e amor não são a mesma coisa. O afeto é a condição humana que nos permite desenvolver o sentimento de amor. Se nos percebemos como Espíritos muito afetivos, poderíamos afirmar que estamos abertos, que nos permitimos ser tocados pelo mundo em larga escala... Mas de que modo estamos afetando e somos afetados? Ao modo do amor maduro? Ao modo da revolta, da indiferença? E que intensidade percebo ter a minha afetividade?

Essas reflexões são muito importantes porque nunca decidimos previamente *o como vamos nos sentir* diante dessa ou daquela situação. Podemos parar um instante e, ao olhar para nós mesmos, identificar como estávamos ou como estamos nos sentindo. Mas não podemos nos preparar para sentir um determinado sentimento. Isso acontece porque estamos desde sempre mergulhados em emoções, sentimentos, humores nos quais nossas atitudes emergem. E esses estados afetivos, que revelam como afetamos e somos afetados pelas pessoas, situações etc., são variados e impermanentes. Além disso, não dependem da autorização de nossa razão para acontecer. Muitas vezes, nos sentimos tão envolvidos por um determinado sentimento que temos a impressão de que o desconforto que ele causa nunca vai passar. É interessante notar que, diante de emoções positivas, nossa sensação é oposta, ou seja, de que "o que é bom, dura pouco". Na verdade, tanto o conforto quanto o desconforto duram apenas um certo tempo. E isso se dá porque é da nossa condição humana essa contínua mudança; jamais alcançamos qualquer tipo de permanência, muito menos a de nossos sentimentos. Por vezes há sentimentos que são tão doídos de atravessar que gostaríamos de não ser mais afetados por nada e nem ninguém. Como isso não é possível, desenvolvemos a indiferença como defesa, como estratégia, como ilusão de não mais ser afetado. Indiferente é um estado da alma de afastamento, de tanto que a proximidade dói. O que não percebemos quando estamos nessa situação é que se precisamos de tanto afastamento assim, a ponto de considerar que não somos capazes de sentir mais nada, é porque a pele de nossa alma se encontra fina demais para suportar qualquer tipo de toque do mundo. E pele fina demais é pele capaz de sentir em demasia. Então... indiferença não é ausência de sentimento... é sentir demais e tanto que nossa alma procura anestesiar-se.

Um outro ponto importante se refere ao livre-arbítrio e à nossa capacidade de amar. Quantos caminhos difíceis e quantos caminhos ricos podemos trilhar no uso de nossas possibilidades afetivas. Emmanuel afirma assim:

> O amor em sua luminosa liberdade é independente em suas escolhas e manifestações; no entanto, obedece igualmente ao princípio: "Livre na sementeira e escravo na colheita".[44]

Sabermos que somos livres para semear, para arbitrar nossos caminhos, nos provoca duas sensações diferentes: se por um lado isso pode ser maravilhoso pela grandeza que representa, por sermos livres para amar, por outro pode ser um peso, ao percebermos que nós é quem somos encarregados de nós mesmos, e responsáveis pelas consequências de nossas escolhas afetivas. Significa aceitar que existir é um eterno lidar com um futuro à frente de nós, que é incerto e sem garantias a despeito de qualquer

---

44. [Espíritos diversos], Francisco C. Xavier [médium], J. Herculano Pires. *Na era do Espírito*. São Paulo: GEEM, 1973. [cap. 27] [versão digital 2015: www.luzespirita.org.br].

controle que queiramos exercer. Porém, podemos sim, e muito, cuidar de nossa afetividade. Cuidar dessa porosidade de nossas almas, da permeabilidade que nossa pele da alma tem. Não há como prever todas as consequências de nossas ações, como elas irão afetar os outros em sua totalidade, mas podemos cuidar para oferecer aos outros o que gostaríamos que nos fosse oferecido. E, mesmo sabendo que todos somos tão singulares e diferentes uns dos outros, pelo fato de sermos dotados da mesma condição humana de sermos afetivos, temos a possibilidade de imaginar como é estar na pele do outro. E nesse ir e vir reflexivo, podemos cuidar de nossa reatividade, nossa impulsividade, nossas carências. Para a doutrina espírita, quando cuidamos do outro, cuidamos de nós. O que acontece com o outro sempre nos toca e vice-versa, pois somos irmãos por condição essencial, e enquanto houver alguém machucado por nossas mãos, nosso coração jamais ficará em paz até que se restaure a alma de cada um.

Por fim, estamos na verdade conversando aqui sobre entrega afetiva, em que sentimentos como gratidão, serenidade, sinceridade etc., podem se manifestar. Mas como identificar se estamos em um relacionamento de entrega saudável ou não?

O estado de entrega é um estado no qual somos muito verdadeiros conosco, no qual renunciamos a tudo aquilo que nos retira da verdade que escolhemos habitar. Para que a entrega se dê, é preciso que tenhamos claro a *que nos entregamos*. Não é a ninguém e nem a qualquer coisa, porque isso seria um estado de abandono de si. Só podemos nos entregar, então, àquilo que é verdadeiramente importante para nós. E assim, podemos nos dedicar a cuidar disso, que é essencial. Os Espíritos nos dizem que todos podemos, em algum nível, cuidar desse essencial. Conforme *O Evangelho segundo o espiritismo*:

> O amor é de essência divina e todos vós, do primeiro ao último, tendes, no fundo do coração, a centelha desse fogo sagrado. É fato, que já haveis podido comprovar muitas vezes, este: o homem, por mais abjeto, vil e criminoso que seja, vota a um ente ou a um objeto qualquer viva e ardente afeição [...][45]

Mas como se entregar sem se perder de si mesmo?
Estar junto do outro e, ao mesmo tempo, cuidar de si é um desafio. Há muitos caminhos, porém, podemos começar por não permitir que autocondenações devastadoras roubem o nosso próprio valor. Encontrar o que nos oferece chão, sustentação afetiva, valores morais que nos permitam permanecer firmes sobre o mesmo, valorizar os próprios sentimentos sem julgamentos. Mas, aqui, atenção: é um trabalho que precisamos realizar junto com os outros, em parcerias saudáveis, nas relações que nos convidam ao crescimento, ao despertar de nossas melhores conquistas. Os Espíritos desaconselham o isolamento quando afirmam na questão 768 de *O livro dos Espíritos* que: "Insulado, não lhe é isso possível [progredir], por não dispor de todas as faculdades".[46] É porque no isolamento não conseguimos descobrir quem somos, nem muito menos modificar o que não nos faz bem. Do mesmo modo, sem nenhum encontro com nossa essência, ao nos encontrarmos totalmente dissolvidos nos outros, sem um instante a sós, também

---
45. Allan Kardec. *O Evangelho segundo o espiritismo*. Brasília: FEB, 2018. [cap. XI, item 9]
46. *Idem*. *O livro dos Espíritos*. Brasília: FEB, 2018.

perdemos referências próprias. Precisamos de um constante asseguramento de nossas capacidades, cujo cuidado conseguimos pouco a pouco. Para tal é necessário um pouco de recolhimento, de reflexão, de sossego íntimo para sedimentar a compreensão sobre nós mesmos. Assim, é preciso buscar flexibilizar esses posicionamentos opostos, cuja fixação, em algum deles, nos impede de experienciar verdadeiras entregas afetivas. Por isso, nem se isolar dos outros nem depender dos outros. Tal decisão implica tanto abrir mão da segurança de movimentos conhecidos quanto um lançar-se a novas possibilidades de existir. Esse exercício de entrega oferece desconforto, mas certamente abre caminhos para uma existência mais rica e plena de sentidos.

Nem se isolar dos outros nem depender dos outros. Tal decisão implica tanto abrir mão da segurança de movimentos conhecidos quanto um lançar-se a novas possibilidades de existir. Esse exercíco de entrega oferece desconforto, mas abre caminhos para uma existência mais rica e plena de sentidos.

AMOR

"O amor é a força divina do Universo."
EMMANUEL

Fonte viva. Emmanuel [Espírito], Francisco C. Xavier [médium]. Brasília: FEB, 2015. [cap. 91]

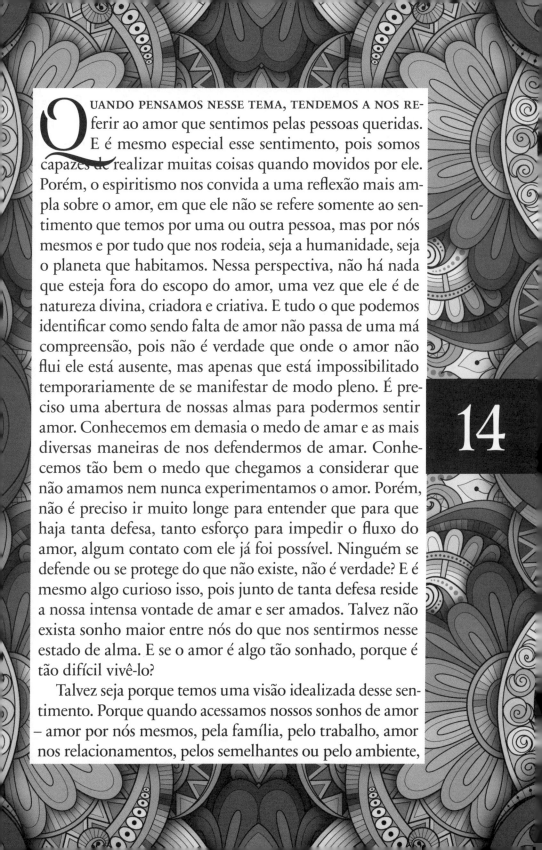

Quando pensamos nesse tema, tendemos a nos referir ao amor que sentimos pelas pessoas queridas. E é mesmo especial esse sentimento, pois somos capazes de realizar muitas coisas quando movidos por ele. Porém, o espiritismo nos convida a uma reflexão mais ampla sobre o amor, em que ele não se refere somente ao sentimento que temos por uma ou outra pessoa, mas por nós mesmos e por tudo que nos rodeia, seja a humanidade, seja o planeta que habitamos. Nessa perspectiva, não há nada que esteja fora do escopo do amor, uma vez que ele é de natureza divina, criadora e criativa. E tudo o que podemos identificar como sendo falta de amor não passa de uma má compreensão, pois não é verdade que onde o amor não flui ele está ausente, mas apenas que está impossibilitado temporariamente de se manifestar de modo pleno. É preciso uma abertura de nossas almas para podermos sentir amor. Conhecemos em demasia o medo de amar e as mais diversas maneiras de nos defendermos de amar. Conhecemos tão bem o medo que chegamos a considerar que não amamos nem nunca experimentamos o amor. Porém, não é preciso ir muito longe para entender que para que haja tanta defesa, tanto esforço para impedir o fluxo do amor, algum contato com ele já foi possível. Ninguém se defende ou se protege do que não existe, não é verdade? E é mesmo algo curioso isso, pois junto de tanta defesa reside a nossa intensa vontade de amar e ser amados. Talvez não exista sonho maior entre nós do que nos sentirmos nesse estado de alma. E se o amor é algo tão sonhado, porque é tão difícil vivê-lo?

Talvez seja porque temos uma visão idealizada desse sentimento. Porque quando acessamos nossos sonhos de amor – amor por nós mesmos, pela família, pelo trabalho, amor nos relacionamentos, pelos semelhantes ou pelo ambiente, enfim –, temos uma expectativa de que ele se manifestará de uma determinada maneira. Aquela maneira que vemos em livros, nas histórias de filmes, nas experiências dos outros. E mais do que isso, temos também o desejo que ele se encontre pronto, lá fora de nós, disponível para podermos desfrutar dele como se bastasse querer ser amado. Mas acontece que o amor é um sentimento que requer uma construção, um exercício de sustentação para sua presença. O que isso significa? Que no nível evolutivo em que nos encontramos ainda não conseguimos amar de modo pleno e constante. Estamos na sempre presente possibilidade de ele escapar, pois amor não é assim – amamos e pronto, está resolvido –, como algo que está ali na prateleira da estante de nossa casa. O amor requer de nós atenção para que possamos sustentar a presença dele em nosso cotidiano. Como consta em *O Evangelho segundo o espiritismo*: "O Espírito precisa ser cultivado, como um campo. Toda a riqueza futura depende do labor atual."[47] É preciso trabalho, então… é preciso mexer na terra de nossos corações, retirar o que não serve mais – como mágoas –, oxigenar o terreno com esperança, depositar nele as sementes boas e, por fim, cuidar! Amor pede então o cuidado de nós mesmos… Regar, colocar no sol, retirar as folhas velhas… Isso se desejarmos nos manter no fluxo divino! Pois o amor é um fluxo divino que requer de nós conexão!

Na instrução dos Espíritos que consta em *O Evangelho segundo o espiritismo*, sobre a lei de amor:

---

47. Allan Kardec. *O Evangelho segundo o espiritismo*. Brasília: FEB, 2018. [cap. XI, item 8]

O amor resume a doutrina de Jesus inteira, visto que esse é o sentimento por excelência, e os sentimentos são os instintos elevados à altura do progresso feito.[48]

Imaginem só... o amor resume inteiramente o que Jesus nos trouxe há dois mil anos... E ainda estamos engatinhando nesse aprendizado crístico. O amor que experimentamos está ainda distante daquele a que Jesus nos convidou – um amor em que não há exclusões... Para o nosso Mestre, o amor verdadeiro surge junto ao inimigo, ao miserável, ao pecador, ou seja, àquele que é diferente de nós, de nossas expectativas... porque o amor não estabelece condições, não escolhe quem merece ser amado por nosso Pai... o amor se dá para aquele que se abre, que não se posta maior nem menor do que o outro, para aquele que olha para o outro com igualdade.

Ainda no mesmo capítulo de *O Evangelho segundo o espiritismo*, temos que "aquele que ama tem ligeiros os pés" e "amar abre caminhos".[49] Ter ligeiros os pés... Seria ao desapego que os Espíritos estão se referindo? Imagino que sim... ter pés ligeiros é não ter pés fincados, apegados, presos, pois o amor nos transporta, nos eleva, traz leveza, suavidade. Que meus pés sejam ligeiros, rápidos, que alcem voos... que não aprisione nem a mim e nem ao outro, pois amar abre caminhos! Quando nossos caminhos estão fechados, bloqueados, falta o exercício do amor... É que andamos exigentes, com pouca abertura... muita expectativa e pouco movimento... muita espera do outro e pouca tolerância em mim... Nesses momentos, é preciso desistir dos aprisionamentos para que, com os

---

48. *Ibidem.*
49. *Ibidem.*

pés ligeiros, possamos nos dirigir ao que em realidade se mostra para nós.

Ainda em *O Evangelho segundo o espiritismo*, temos mais uma descrição dos Espíritos de como é estar na atmosfera do amor:

> Amar, no sentido profundo do termo, é o homem ser leal, probo, consciencioso, para fazer aos outros o que queira que estes lhe façam; é procurar em torno de si o sentido íntimo de todas as dores que acabrunham seus irmãos, para suavizá-las; é considerar como sua a grande família humana [...][50]

Aqui, os Espíritos se referem ao modo de amar que é a nossa meta, que é para onde podemos nos dirigir. Conhecemos o amor ainda em seu estado germinal, mas já presente. Considerarmos irmãs todas as pessoas da humanidade faz parte de um grande exercício em que ainda estamos dando os primeiros passos. Conforme Emmanuel:

> Todos somos irmãos, constituindo uma família só perante o Senhor; mas até alcançarmos a fraternidade suprema, estagiaremos através de grupos diversos, de aprendizado em aprendizado, de reencarnação a reencarnação.[51]

Nessa perspectiva, a do amor universal, há uma relação direta entre ser cristão e amar aos nossos companheiros de jornada. Nossos entes queridos são consciências livres, assim como nós, e, portanto, seus pontos de vista diferentes

---

[50]. *Ibidem.* [cap. xi, item 10]
[51]. Emmanuel [Espírito], Francisco C. Xavier [médium]. *Estude e viva.* Brasília: FEB, 2015. [cap. 15]

dos nossos requerem nosso respeito, e não o nosso afastamento. Significa dizer que a escolha de sermos cristãos implica necessariamente procurar ser amorosos uns com os outros, porque o amor entre os irmãos torna-se, assim, a identidade, a marca essencial de ser cristão: "Nisto todos conhecerão que sois meus discípulos, se tiverdes amor uns aos outros".[52]

SUGESTÃO DE EXERCÍCIO

Agora, convido-o a fechar os olhos por um instante e pensar em algum relacionamento no qual você sente que o amor não flui e que lhe traz algum tipo de sofrimento, ou no qual há uma distância que lhe incomoda.

Imagine bem à sua frente a pessoa com quem você mantém esse relacionamento, de modo que você possa ver o olhar dela. Permita-se estar diante dela sem nenhuma crítica, sem nenhum julgamento; apenas esteja junto dela.

Veja se é possível olhar para essa pessoa, sem pressa, e veja no olhar dela que ela também se esforça, dentro de suas próprias condições. Porque cada um de nós faz o melhor que pode e, às vezes, isso está bem distante do que gostaríamos que fosse.

Muitas vezes, mesmo quando fazemos o melhor que podemos, ainda machucamos o outro. E isso pode acontecer sem que seja nossa real intenção. Então, olhe, e mantenha o olhar. Veja se é possível abrir espaço para a compaixão chegar a seu coração. Perceba se você pode ver o ser humano que há nesse outro. Se você pode perceber que ele também gostaria de viver uma relação melhor com você.

---

52. Haroldo Dutra Dias (trad.). *Novo testamento*. Brasília: FEB, 2013. [*João* 13:35]

Veja se você pode perceber que todos nós queremos amar e ser amados, mas que nem sempre conseguimos traçar o caminho mais saudável para isso.

Respire...

Mantenha seus olhos fechados e imagine-se dizendo para a pessoa: "Eu e você somos filhos de Deus. Eu e você somos filhos de Deus. Eu e você somos filhos de Deus..."

Veja se você, sendo um aprendiz das palavras de Jesus, já pode iniciar o seu exercício de amar. O primeiro passo é diminuir as defesas, permitindo-se ver o outro de um ponto de vista diferente, com um olhar mais amplo, que inclua o contexto no qual as circunstâncias se dão, em uma perspectiva melhor do que a que você tinha anteriormente.

Veja como é que você se sente, agora que pode olhar para esse outro como alguém com os mesmos direitos e sonhos que você.

Imagine agora o nosso mestre querido, Jesus, chegando nesse ambiente em que estão vocês dois. Mantenha essa imagem presente mais um pouco...

Veja Jesus se aproximando e você olhando para Jesus... Imagine-O abraçando vocês dois. Sinta o abraço que nutre, o abraço em que todos cabem: esse é um abraço de amor.

Respire... Deixe-se ficar nesse abraço... E mantenha seus olhos fechados pelo tempo que for necessário.

A ESCOLHA DE SERMOS CRISTÃOS IMPLICA NECESSARIAMENTE PROCURAR SER AMOROSOS UNS COM OS OUTROS, PORQUE O AMOR ENTRE OS IRMÃOS TORNA-SE, ASSIM, A IDENTIDADE, A MARCA ESSENCIAL DE SER CRISTÃO: "NISTO TODOS CONHECERÃO QUE SOIS MEUS DISCÍPULOS, SE TIVERDES AMOR UNS AOS OUTROS".

TRANSFORMAÇÃO

"Apesar de tudo, a vida te busca a novas
empresas de trabalho e renovação."
EMMANUEL

Ceifa de luz. Emmanuel [Espírito], Francisco C.
Xavier [médium]. Brasília: FEB, 2015. [cap. 23]

Quando a vida traz um acontecimento inesperado, completamente diferente de nossas expectativas, dificilmente nos encontra de braços abertos. Defesas, conscientes ou não, se aprumam entre nós e o acontecimento, promovendo uma desconexão afetiva. E emergem anestesias, racionalizações, ocupações, providências... Enfim... Modos de podermos ter algum controle logo se mostram presentes. E seguimos essa rota para poder sobreviver. Podemos passar anos no controle das circunstâncias, no controle de nós mesmos, como se pudéssemos estar a salvo dos sobressaltos da vida. E quando escolhemos a avenida do controle, implica necessariamente em abrirmos mão das alegrias que só pertencem à avenida do inesperado da existência. O tédio é o preço de viver vigiando a vida; sentar na arquibancada pode ser muito animado, mas jamais teremos a sensação incrível de pisar nas quadras de esporte.

Leva um bom tempo para aceitarmos que o fluxo da vida não está à mercê de nosso desejo. A vida simplesmente flui e a vida... acontece!

A questão é que sustentar as defesas durante muito tempo nos cansa muito. O que por um período foi um alívio para nós, vai se tornando peso, impedimento, sofrimento, desilusão, repetição, tédio. E logo somos tomados pela necessidade de mudar. Esse pedido pode vir dos outros ou até de nós mesmos. Então, surge a famosa dúvida: "Eu quero mudar, mas como?".

Quem pensa que mudanças acontecem em plena vontade de mudar ainda não pôde olhar para a resistência que criamos para sair de onde estamos. Na divisão de forças que se dá, muitas vezes tendemos a achar que o melhor é ficar... como se a força contrária fosse um sinal de que mudar não é mesmo o caminho certo a seguir. É difícil

15

nos despedirmos do que já foi tão bom, do que gostaríamos que voltasse a acontecer, mesmo que tenhamos decidido mudar. Por isso temos dúvidas, pois nasce uma certa tensão entre prazer e dor – entre felicidade e sofrimento. Essa ambiguidade de sensações, de sentimentos, faz parte da nossa condição de humanos em uma grande viagem evolutiva. Emmanuel nos esclarece: "atravessas circunstâncias, por vezes difíceis, de modo a conheceres o sabor da vitória sobre ti mesmo",[53] o que mostra que há conquistas espirituais que se dão em situações não desejadas por nós. Sim, porque se dependesse de nossos desejos, só gostaríamos que houvessem circunstâncias prazerosas, conhecidas e seguras... Mas se uma criança só brincasse no mesmo brinquedo em todas as idades da infância, um triciclo por exemplo, como ficaria seu desenvolvimento cognitivo se ele aos 15 anos ainda tentasse andar em um? O autoaperfeiçoamento é nossa tarefa enquanto estamos encarnados aqui na Terra, podendo apenas se lentificar ou se apressar, mas jamais deixar de acontecer.

Só pode verdadeiramente se transformar aquele que sente o sabor, que experiencia a vida. E experienciar a vida significa se deixar tocar pela vida, se permitir entrar em contato com o que acontece, abrindo mão das defesas, ou seja, aqueles que estão anestesiados, defendidos, sempre fortes reduzem muito a possibilidade de aprendizado que as adversidades da vida oferecem.

Fazer uma experiência na vida significa que, ao nos lançarmos ao que a vida nos chama, algo acontece conosco, nos alcança, se apodera de nós, não pela via da razão, do controle, mas é justamente por isso que é capaz de nos

---

53. Emmanuel [Espírito], Francisco C. Xavier [médium]. *Ceifa de luz*. Brasília: FEB, 2015. [cap. 26]

transformar. Quando nos deixamos tocar por algo sem querer controlar os resultados, podemos por assim dizer que fomos transformados por essas experiências, ou seja, por meio delas.

É experiência aquilo que nos toca, que nos passa e, quando passa, nos transforma. É estar aberto à própria transformação; somos um lugar de passagem, mas isso não quer dizer que devemos ser passivos, pelo contrário! É preciso muito posicionamento para entender que se isso se passa conosco, é porque temos vinculação com ele. Algo ali, naquela circunstância difícil, nos convoca a amadurecer, nos convida a responder diferentemente do que temos respondido até então. Algo ali, no novo que surge diante de nós, muito nos engrandece e nos liberta.

É por isso que podemos ver as perdas, tão comuns na vida terrena, como condição de possibilidade de renascimento. Quem seremos quando estivermos diante de nós mesmos, sem nossas aquisições materiais, sem nossos títulos terrenos, sem nossas ocupações que nos conferem tanta identidade?

Pois então, hora de mudança, hora de transformação... Que possamos atender ao convite de Emmanuel: "ergue-te em Espírito e empreende a jornada nova",[54] pois "encontras-te no lugar certo em que te habilitas a desempenhar os encargos próprios".[55]

---

54. *Ibidem.* [cap. 23]
55. *Ibidem.* [cap. 26]

QUEM SEREMOS QUANDO ESTIVERMOS DIANTE DE NÓS MESMOS, SEM NOSSAS AQUISIÇÕES MATERIAIS, SEM NOSSOS TÍTULOS TERRENOS, SEM NOSSAS OCUPAÇÕES QUE NOS CONFEREM TANTA IDENTIDADE?

POIS ENTÃO, HORA DE MUDANÇA, HORA DE TRANSFORMAÇÃO... QUE POSSAMOS ATENDER AO CONVITE: "ERGUE-TE EM ESPÍRITO E EMPREENDE A JORNADA NOVA", POIS "ENCONTRAS-TE NO LUGAR CERTO EM QUE TE HABILITAS A DESEMPENHAR OS ENCARGOS PRÓPRIOS".

INDIFERENÇA

"Indiferença é o amor que se esconde."
ANDRÉ LUIZ

Apostilas da vida. André Luiz [Espírito], Francisco C. Xavier [médium]. Araras: IDE, 2012. [cap. "Tudo é amor"]

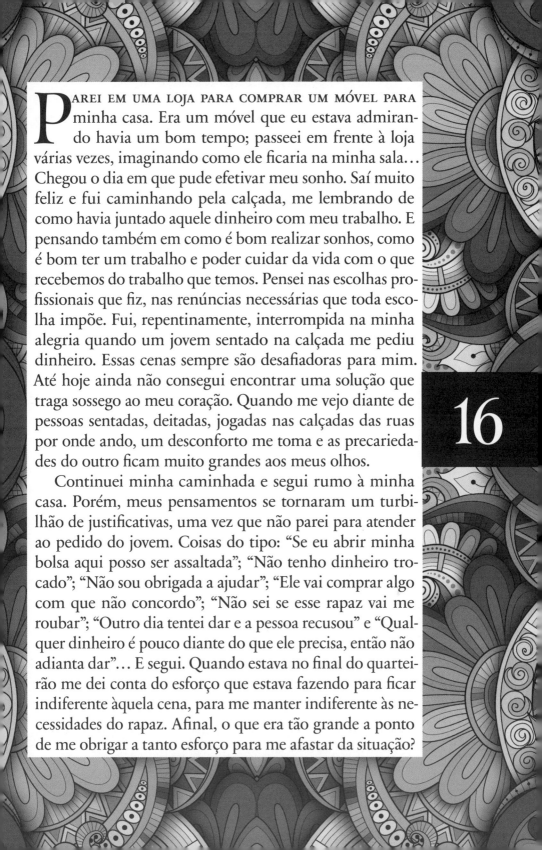

Parei em uma loja para comprar um móvel para minha casa. Era um móvel que eu estava admirando havia um bom tempo; passeei em frente à loja várias vezes, imaginando como ele ficaria na minha sala… Chegou o dia em que pude efetivar meu sonho. Saí muito feliz e fui caminhando pela calçada, me lembrando de como havia juntado aquele dinheiro com meu trabalho. E pensando também em como é bom realizar sonhos, como é bom ter um trabalho e poder cuidar da vida com o que recebemos do trabalho que temos. Pensei nas escolhas profissionais que fiz, nas renúncias necessárias que toda escolha impõe. Fui, repentinamente, interrompida na minha alegria quando um jovem sentado na calçada me pediu dinheiro. Essas cenas sempre são desafiadoras para mim. Até hoje ainda não consegui encontrar uma solução que traga sossego ao meu coração. Quando me vejo diante de pessoas sentadas, deitadas, jogadas nas calçadas das ruas por onde ando, um desconforto me toma e as precariedades do outro ficam muito grandes aos meus olhos.

Continuei minha caminhada e segui rumo à minha casa. Porém, meus pensamentos se tornaram um turbilhão de justificativas, uma vez que não parei para atender ao pedido do jovem. Coisas do tipo: "Se eu abrir minha bolsa aqui posso ser assaltada"; "Não tenho dinheiro trocado"; "Não sou obrigada a ajudar"; "Ele vai comprar algo com que não concordo"; "Não sei se esse rapaz vai me roubar"; "Outro dia tentei dar e a pessoa recusou" e "Qualquer dinheiro é pouco diante do que ele precisa, então não adianta dar"… E segui. Quando estava no final do quarteirão me dei conta do esforço que estava fazendo para ficar indiferente àquela cena, para me manter indiferente às necessidades do rapaz. Afinal, o que era tão grande a ponto de me obrigar a tanto esforço para me afastar da situação?

Interrompo minha narrativa neste ponto para poder comentar uma frase dos Espíritos em *O Evangelho segundo o espiritismo*, que afirmam:

> Cada época é marcada, assim, com o cunho da virtude ou do vício que a tem de salvar ou perder. A virtude da vossa geração é a atividade intelectual; seu vício é a indiferença moral.[56]

Então, nosso desenvolvimento intelectual não trouxe desenvolvimento moral? Os Espíritos afirmam que não, que não trouxe ainda... Nossos benfeitores nos alertam que realizamos inúmeras conquistas, por exemplo, nas áreas tecnológica e digital, mas ainda precisamos dar muitos passos para tornar nossa convivência com nossos semelhantes em algo moralmente maduro. Por enquanto, estamos marcados pela indiferença. Indiferença moral... um vício? Quando uma atitude se torna viciosa, significa que ela não começou assim, mas que foi ficando assim. Fico pensando em como começa. Creio que começa no medo. Quando estamos diante de uma situação que é nova para nós, nossos recursos se apresentam para que possamos lidar com ela. Mas e quando, apesar de todos os nossos esforços, a situação pouco ou nada se modifica? Começamos a duvidar de nós mesmos porque falta fé em quem somos e na espiritualidade, a ponto de considerarmos que nada podemos fazer diante daquela circunstância. E chega o medo de agir, o medo de sentir... Como diz o compositor

---

[56]. Allan Kardec. *O Evangelho segundo o espiritismo*. Brasília: FEB, 2018. [cap. IX, item 8]

Lenine: "O medo é uma brecha que faz crescer a dor".[57] E a dor vai ficando grande demais para nos sentirmos capazes de cuidar dela. E o medo vai nos apequenando, nos assustando... Intimidados, não conseguimos agir. Se isso acontece uma vez apenas, logo em seguida retomamos o curso natural de nos dirigirmos aos desafios. Porém, se isso nos acontece sucessivas vezes, a indiferença se torna a solução perfeita para o cessar da dor. E se ela cessa uma vez ou duas, ficamos viciados em estar indiferentes diante de dores que eram tão presentes e, provavelmente, grandes. É desse modo que a indiferença moral se torna um vício. Ela se torna habitual, comum, quase natural. Parece até que fomos sempre assim, de tão costumeira que ela se torna em nosso comportamento.

Bem, voltando à minha experiência do turbilhão de pensamento. Quando estava chegando ao final do quarteirão, pensei que não era possível desistir de ajudar ao rapaz... Afinal, eu tinha comprado um móvel! Como é que eu podia não ter algo para dar a ele? Voltei os passos dados para reencontrá-lo, e, ufa! ele ainda estava lá, esperançoso de que alguém escutasse seu apelo. Ao lhe entregar algum dinheiro, olhei para ele e me surpreendi. Era um belo rapaz, cujo olhar não me trouxe medo... Pelo contrário, senti compaixão por seu estado de desistência, de rendição. Ele agradeceu pelo dinheiro e ainda me desejou coisas boas. E eu também me senti grata pelo que recebi além de sua gratidão: um belo encontro com meus medos, mas, principalmente, com minha capacidade de sofrer pelo mundo e, quem sabe, de fazer algo com isso. Pude perceber que, afinal, o que é grande a ponto de nos levar a

---

57. Pedro Guerra, Lenine, Rodney Assis. *Miedo. In Acústico* MTV. Lenine. Sony BMG, 2006. [faixa 10]

tanto esforço é exatamente aquilo que dói profundamente em nossa alma. Quanto maior é a dor, maior precisa ser o tamanho da anestesia. Indiferença moral é anestesia da dor moral. Vivemos indiferentes a nós, aos outros, ao mundo, porque a dor de sermos precários, nós e nossos semelhantes, é ainda demais para todos. E dor de alma não passa rápido, não! Por isso é que corremos logo para as distrações: para não vê-la passar. Porém, ela é a única capaz de nos habilitar a agir no mundo junto dos outros. Se nenhum desconforto houvesse entre nós e nossos semelhantes, viveríamos todos autocentrados, autorreferidos, com pouca possibilidade de crescimento, de ampliação de nossos recursos.

E agora, depois de tantas nuances a respeito do jovem na calçada que até virou tema de reflexão, podemos pensar: a quê, em nossas vidas, ainda estamos indiferentes e contra o qual criamos racionalizações para não seguir a intuição de nossas almas? Como dizem os Espíritos em *O Evangelho segundo o espiritismo*: quando estamos apegados demais a algo, ocorre a paralisia dos impulsos de nosso coração.[58] Apegados a tantas coisas, impedimos nossa alma de seguir seu curso natural de doação e a colocamos a serviço do medo. Que possamos nos autorizar a sentir e agir, pois como já dizia Chico Xavier, caridade que pensa muito, chega atrasada!

---

58. Allan Kardec. *Op. cit.* [cap. XVI, item 14]

Apegados a tantas coisas, impedimos nossa alma de seguir seu curso natural de doação e a colocamos a serviço do medo. Que possamos nos autorizar a sentir e agir, pois como já dizia Chico Xavier, caridade que pensa muito, chega atrasada!

TALENTOS

"O Senhor age como um homem que, tendo de fazer longa viagem fora do seu país, chamou seus servidores e lhes entregou seus bens [...] a cada um segundo sua própria capacidade."
JESUS

Novo testamento. Haroldo Dutra Dias (trad.). Brasília: FEB, 2013. [Mateus 25:14]

O zoólogo suíço Adolf Portmann (1897–1982), nos anos 1960, desenvolveu a ideia de que os seres vivos são dotados de um impulso para a autoexposição. Para ele, tudo o que está vivo apresenta um impulso para se abrir, se expor. Como exemplos, podemos citar um botão de rosa, que naturalmente abre suas pétalas e exala o seu perfume, ou um filhote de animal, que instivamente realiza as funções de sua espécie, tornando-se um animal adulto capaz de se reproduzir e fazer parte do ecossistema. Tudo na natureza nasce para se expandir, para mostrar sua exuberância, para fazer sua parte, mesmo que pequena, na imensidão do universo natural. Nenhum desses seres vivos é menos do que pode ser, nem maior, e todos lutam por condições adequadas para se desenvolver.

Partindo desse entendimento de Portmann, a filósofa alemã Hannah Arendt, no livro *A vida do espírito*, afirma que esse fenômeno também está presente na espécie humana, ou seja, a autoexposição é algo comum a homens, animais e plantas.[59] Desse modo, assim como tudo da natureza que pode ser visto, tocado e ouvido é feito para tal, também o homem possui o mesmo impulso de mostrar-se, de aparecer no mundo. O encolhimento então não é algo natural para o homem como ser vivo, mas talvez reativo ou defensivo diante do inesperado. E, mesmo assim, esse não é o primeiro movimento que ele faz na vida. Fechar-se, recusar-se a ser quem pode ou teme ser é algo que vem depois, é algo consequente aos movimentos que ele faz em direção à expansão da vida. Por exemplo, um bebê engatinha desejoso de andar, e se dirige para isso. Porém,

---

59. Hannah Arendt. *A vida do espírito*. Rio de Janeiro: Relume-Dumará, 2002. [cap. 1, item 3]

pode sentir muito medo de prosseguir em sua autoexposição, caso algo traumático lhe aconteça em suas tentativas de ficar de pé. E mesmo que desista de andar, a situação é apenas temporária, pois, em breve, o bebê fará novas tentativas rumo ao seu movimento de expansão junto à sua família.

Porém, a vida humana não se restringe à mesma possibilidade de se autoexpor a qual se apresenta a outros seres vivos. Temos também a liberdade que nos caracteriza fortemente e nos diferencia evolutivamente. Por isso, ao mesmo tempo que estamos submetidos às mesmas leis naturais da vida, nos diferenciamos, e em muito, pela possibilidade de escolher o que fazer da vida que nos é dada. É nessa direção que a parábola dos talentos é tão esclarecedora. Se recebemos a vida com as condições justas às nossas capacidades e necessidade de desenvolvimento, cabe a cada um de nós a decisão de como fazer uso delas.

Confirmando essa perspectiva filosófica, temos uma afirmação de Emmanuel: "Ninguém é trazido a viver, sentir, imaginar e raciocinar para ocultar-se",[60] o que nos mostra que o encolhimento não é natural para o homem, porque não corresponde à sua natureza divina. Nada na natureza veio para encolher-se, pelo contrário; os seres vivos nascem para se expandir. Por que será que muitas vezes preferimos a escuridão, o isolamento? Nas situações de medo, o encolhimento parece ter menos consequências do que errar nas ações de expansão. Para a espiritualidade maior, isso não é verdade, pois

---

60. Emmanuel [Espírito], Francisco C. Xavier [médium]. *Estude e viva*. Brasília: FEB, 2015. [cap. 18]

[...] efetivamente, somos responsáveis pelo mal que praticamos e pelo bem que deixamos de fazer, sempre que dispomos de recursos para fazê-lo.[61]

Por isso é verdadeira a frase que afirma que não escolher também é escolher. Quando recusamos a ação por medo de falhar, recusamos também o aprendizado que se daria se nos abríssemos à oportunidade de tentar.

É bem verdade que muitas vezes duvidamos do que somos capazes, temermos as consequências de algumas decisões, mas o espiritismo nos mostra que não há equívocos quanto ao lugar em que nos colocamos nem ao que precisamos realizar. Se formos capazes de olhar, com olhos de ver, para nossas vidas, encontraremos nossos talentos à espera de nossa força de ação. Há sempre um lugar por onde podemos começar, no qual podemos tentar na medida de nossas possibilidades. Nosso mundo não precisa de heróis nem de pessoas famosas, muito menos que sejamos pessoas de sucesso. Nós e nosso mundo necessitam de nós exatamente como somos, e com o que cada um pode realizar. E cada um tem uma parte singular com que contribuir, de tal modo que ninguém pode fazer exatamente o mesmo, do mesmo modo como fazemos. Todos chegam ao mundo com uma tarefa. Não importa o tamanho dela nem o impacto que ela causa. É necessário nos convencermos de que nada nos falta para começar.

E se tivermos muita dificuldade em perceber essa verdade, basta nos colocarmos para o primeiro movimento que o resto chegará, e se mostrará. O Criador não espera

---

61. *Ibidem.*

de nós a perfeição nem muito menos atua de modo a nos substituir no processo de crescimento. Tudo se encaminha para que nosso melhor possa vir à luz, porque, como nos diz Emmanuel: "Cada um de nós permanece no lugar exato, a fim de realizar o melhor que pode".[62]

---
62. *Ibidem*.

O CRIADOR NÃO ESPERA DE NÓS A PERFEIÇÃO NEM MUITO MENOS ATUA DE MODO A NOS SUBSTITUIR NO PROCESSO DE CRESCIMENTO. TUDO SE ENCAMINHA PARA QUE NOSSO MELHOR POSSA VIR À LUZ, PORQUE: "CADA UM DE NÓS PERMANECE NO LUGAR EXATO, A FIM DE REALIZAR O MELHOR QUE PODE".

MUDANÇAS

"Sendo o progresso uma condição da natureza humana, não está no poder do homem opor-se-lhe. É uma força viva, cuja ação pode ser retardada, porém não anulada, por leis humanas más."

ALLAN KARDEC

O livro dos Espíritos. Allan Kardec. Brasília: FEB, 2018. [comentário à questão 781]

Todo mundo já sabe como é desconfortável mudar de residência. É possível que, no fundo de nossos desejos, esteja lá aquele sonho em que uma mágica possa acontecer e tudo o que estiver à nossa frente se transporte, rapidamente, para o outro espaço sem que precisemos fazer tanto esforço. Fico imaginando que a mesma coisa acontece com nossas almas... Como gostaríamos de mudar nosso modo de ser em um passe de mágica... Bastaria desejar e pronto...! Já seríamos outros.

Mas o ato de mudar tem alguns aspectos singulares que requerem um olhar atento. Comecemos pela mudança concreta de uma casa para outra. Depois que surge a necessidade de mudança, precisamos ter claro para onde vamos. Para qual bairro iremos? Para qual apartamento ou casa iremos? O lugar precisará ser de tamanho maior, menor ou igual ao desse que estamos ocupando? Assim, uma boa procura se inicia e, quanto mais espaços – lugares possíveis de moradia – visitamos, mais os objetivos da mudança se tornam claros. Com isso, reflexões importantes vão chegando junto a múltiplos sentimentos... "Estou me mudando para construir uma nova família"; "Estou me mudando para iniciar minha vida adulta"; "Estou me mudando para um espaço menor porque os filhos casaram e agora nossa família não precisa de tanto"; "Estou me mudando porque nossa família está crescendo e precisamos de lugar para todos"; "Estou me mudando para gastar menos e conseguir me sustentar"... Enfim, motivos inúmeros nos mobilizam a nos dirigir para uma nova etapa na vida, seja ela de retração, seja de expansão. A vida tem mesmo esses movimentos que se assemelham aos do mar. A onda se retrai, dá uma viradinha e se expande em direção à areia e, nesse contínuo retrair e expandir, acontece a renovação, em que a presença do oxigênio invisivelmente garante saúde às águas. Cabe aqui uma paradinha para pensar se nesse momento de nossas vidas nos encontramos em retração ou expansão. Ou será que estamos segurando, retendo esse movimento da vida com medo de mudanças?

    Voltemos para a nossa casa em transformação. Depois de encontrar um lugar para onde ir, outra etapa importante começa: a do desapego. Inicia-se, então, o grande trabalho de separar o que fica daquilo que vai conosco. Esse momento é de extrema importância. Assemelha-se a quando desencarnamos. O que fica? E o que levamos conosco? O que deixamos para os outros? Penso que deveríamos viver a vida como se a qualquer momento fôssemos desencarnar, e, ao mesmo tempo, com o sabor de começo da vida, com sonhos e esperanças de fazer mais e melhor. Para isso, precisamos ter uma vida material condizente com essa proposta. No capítulo XVI de *O Evangelho segundo o espiritismo*, os Espíritos nos informam que precisamos nos utilizar dos bens materiais na justa medida.[63] Trata-se da medida do necessário, que se diferencia da medida do supérfluo. Porém, estabelecer essas medidas do que precisamos ter conosco e do que precisamos deixar ir requerem de nós um constante exercício. Segundo Kardec: "Nada tem de absoluto o limite entre o necessário e o supérfluo".[64] Então, se essa medida é relativa, ou seja, se ela depende do nível de amadurecimento de cada um, ela acompanhará o nosso momento de vida. Quando estamos carentes, achamos que precisamos de muito e de tudo. Quando já estamos mais saciados, nos sentindo melhor espiritualmente, temos um

---

63. Allan Kardec. *O Evangelho segundo o espiritismo*. Brasília: FEB, 2018. [cap. XVI, item 14, § 9]
64. *Idem*. *O livro dos Espíritos*. Brasília: FEB, 2018. [comentário à questão 717]

outro olhar diante da vida física, material. A medida do necessário, então, está na razão direta de corresponder aos nossos propósitos de vida, mas ela sofre a influência de nossos arrastamentos. Isso significa dizer que, mesmo em conexão com nossos propósitos e com o "para que" de nossas existências, ainda assim podemos nos equivocar quanto ao que nos é ou não necessário, porque ainda somos muito vulneráveis e podemos nos deixar arrastar por nossas paixões.[65] Nesse clima de paixões, nosso crivo para identificar qualquer limite se torna muito turvo. Precisamos de sobriedade,[66] ou seja, buscar ser mais sensatos nessas avaliações. Na questão 715 de *O livro dos Espíritos*, Kardec pergunta como podemos conhecer esse limite, e os Espíritos dizem que se formos sensatos, poderemos identificá-lo por meio de nossa intuição. Porém, como a sensatez é algo ainda em exercício para nós, e como ainda temos pouca intimidade com nossa intuição, conheceremos essa medida por meio de experiências de extremos, como a escassez e o excesso, e, assim, descobriremos de que realmente necessitamos. Bem, é por isso que mudar de casa é uma tarefa que leva tempo! Temos que separar e encaixotar tudo o que identificamos que será útil, e de preferência que nos traga alegria no novo lar. Talvez a alegria seja uma boa sintonia para nosso critério de escolha... Podemos, assim, olhar para tudo o que está à nossa volta e, com a lente da alegria, discriminar se ela está presente em cada coisa. É importante, nesse momento de separação, abrir mão daquela famosa frase: "Mas

---

65. Ver o tema "arrastamento das paixões": Allan Kardec, *O livro dos Espíritos*, questão 893.
66. Quanto à necessidade de sobriedade, ver: Allan Kardec, *O livro dos Espíritos*, "Ensaio teórico da sensação nos Espíritos", questão 257, § 9.

e se um dia eu precisar disso?". Temos que abrir mão desse pensamento, pois de outro modo levaremos exatamente tudo, e ainda vai faltar o que levar! Nesse momento será preciso pensar, com atenção, sobre o que estamos realmente precisando para poder recomeçar nossa vida em outro lugar, com alegria. Nesse grande esforço de separar o que é necessário do que é supérfluo, é importante não haver nenhuma crítica pejorativa ao que é supérfluo. É uma avaliação, portanto, muito pessoal.

Explicando melhor: podemos dizer que supérfluo é tudo aquilo que já foi útil e, agora, já não é mais. É tudo aquilo que, quando estávamos em outra direção de vida, em outro momento, cabia justinho! Porém, agora, na circunstância na qual nos encontramos, com outro propósito de viver, outras coisas precisam entrar e, por isso, outras tantas precisam sair, ser deixadas para trás. E deixadas com amor! Não é lixo, mesmo! Por isso, esse é o momento da doação. Devemos separar os objetos que doaremos para que eles possam levar alegria para outros, ser úteis para outros. Assim, entramos no fluxo da vida... Desapegando, fluindo, abrindo espaço para o novo, crescendo, evoluindo, afinal!

Provavelmente, a essa altura, estamos muito cansados. Desapegar provoca cansaço, mas também oferece alívio e espaço. Essa abertura é indispensável para que possamos nos dirigir a um novo modo de viver, mais leve e prazeroso. Nessa sintonia, a espiritualidade maior é incansável em nos auxiliar e inspirar para fazermos novos movimentos de vida. Jesus disse que desejava que tivéssemos vida em abundância. Como teremos vida em abundância se nos mantivermos entulhados de vida velha?

Desapegar na alma significa: mudar hábitos, mudar modos de viver, renovar sentimentos, além de abrir mão de ressentimentos, histórias passadas, sonhos mortos, desejos de criança, idealizações de si e dos outros... São desapegos necessários para que nossa vida ganhe ar, ganhe espaço para crescimento e para a felicidade.

É hora, então, de chegarmos ao novo espaço: o de sonhar. É hora de sermos outros, renovar o homem velho e nos impregnar da luz divina que nos vitaliza a alma. Mudar para nos mantermos vivos, e vivos em abundância.

Que toda mudança seja bem-vinda, mesmo que em um determinado momento ela seja tão difícil de enfrentar. Em breve, agradeceremos à vida por esse grande empurrão que ela nos dá de quando em quando, por meio de acontecimentos inesperados. Que toda vida seja bem-vinda, com muita alegria!

QUE TODA MUDANÇA SEJA BEM-VINDA, MESMO QUE EM UM DETERMINADO MOMENTO ELA SEJA TÃO DFÍCIL DE ENFRENTAR.

PRESENÇA

"Eu permito a todos serem como quiserem, e a mim, como devo ser."
CHICO XAVIER

Frase atribuída a Chico Xavier.

Por mais incrível que possa parecer, vivemos ausentes de nós mesmos na maior parte do tempo em nosso cotidiano e até mesmo em nossa reencarnação. Antes de entrar nesse assunto, citaremos um trecho escrito por Emmanuel, no qual ele se refere aos momentos em que nos falta presença:

> Aqueles [...] fora de sua alma, plenamente esquecidos da esfera interior, são dignos de piedade.[67]

Então, vemos aqui dois termos importantes articulados entre si: *fora* e *esquecidos*. O que significa estar fora de nossas almas? E esquecidos de quê?

O processo reencarnatório é um grande desafio para nós (digo processo porque estar reencarnado é algo que está sempre a caminho, não tendo, portanto, uma predeterminação de resultados). Muitas vezes, prosseguir vivendo é tarefa quase impossível pelo peso que algumas adversidades adquirem diante de nossas fragilidades naturais. Nesses momentos, que nos parecem intermináveis, a fé na vida futura se torna imprescindível, porque ela é a única certeza de que o momento presente é transitório. E então podemos nos posicionar de forma diferente diante do que estamos vivendo, na consciência de que tudo passa. Sendo assim, esse momento que atravessamos no presente também passará. E, devagarinho, chegará um pouco mais de ânimo para continuarmos a travessia.

Porém, se a fé não se faz presente, instantaneamente o desejo de nossas almas é o de se afastar daquilo que tanto

---

[67]. Emmanuel [Espírito], Francisco C. Xavier [médium]. *Caminho, verdade e vida*. Brasília: FEB, 2015. [cap. 59]

nos traz aflição, porque estar presente não faz sentido algum. Pelo contrário! Nossa vontade é a de nos ausentar completamente do que está acontecendo e só voltar quando tudo estiver diferente. Como se nossas vidas pudessem se modificar sem nossa ação...

Além de nossa dificuldade de estar presentes nas adversidades, de estar inteiros em nossas vidas, as demandas cotidianas nos convidam intensamente a estar fora de nossas almas. Estar fora é estar afastado de nós mesmos, é nos anestesiarmos para não perceber nossas próprias necessidades. As convocações que podem nos distrair são inúmeras, como as de atender às necessidades dos outros ou as de nos tornarmos diferentes do que somos para corresponder ao desejo alheio, ou ao que todo mundo faz ou aparenta ser... Enfim... São muitos os chamados para nos afastarmos de nossos princípios, de nos alienarmos de quem essencialmente somos e sentimos ser. É sinal de que é preciso muita coragem para sustentar nossos valores e, sobretudo, agir sob a força destes.

Quando ficamos ausentes de nós mesmos por muito tempo, as consequências pedem alguma mudança. A consequência imediata é a perda do fluxo da vida. E quando estamos fora do fluxo da vida, chega a escassez: faltam energia e ânimo para cuidar da vida material, e o medo de viver em desamparo nos leva a lugares sombrios de negatividade. É interessante notar que a perda da conexão com a energia da vida se dá de modo distraído. É algo tão automático – como quando retiramos a mão ao tocar algo que está demasiadamente quente para nossa pele – que já nem percebemos nossas ações de retirada de nossa própria casa. É por isso que o benfeitor Emmanuel utiliza o termo "esquecidos".

Somos assim, esquecidos de nossa riqueza interior, de nossa natureza espiritual, de nosso lar verdadeiro, distraídos dos acontecimentos atuais que são os passaportes necessários para nosso destino inexorável que está para além da vida corpórea. O sentido da vida transcende a vida concreta ao mesmo tempo em que concede sentido a ela. No esquecimento, não estamos inteiros; é como se apenas parte de nós mesmos se relacionasse com o necessário da vida, e, assim, podemos nos sentir como que ressecados... sobrevivendo... Essa sensação legítima é própria de quem precisa "voltar para casa", de quem precisa se lembrar de quem é, de quem necessita, mais do que nunca, se nutrir do fluxo da vida, que não é nada mais do que simplesmente tomar consciência de que é filho de Deus. E, portanto, ser filho de Deus é conexão com a abundância, com a criação divina. Retomar a qualidade dessa presença é, necessariamente, um exercício de cuidar de si. Cuidar de si é trazer para suas ações cotidianas a atenção que se encontra excessiva do lado de fora. E olhando-se, perceber seus próprios movimentos distraídos.

Quando Emmanuel diz que somos dignos de piedade é importante não confundir esse sentimento com ter pena de si mesmo. Piedade, aqui, tem o sentido de compaixão. É preciso compaixão por quem está distraído, porque o faz sem consciência. Compaixão para com aquele que se afasta de si mesmo pensando que desse modo pode resolver definitivamente seu sofrimento. Compaixão para com aquele que não encontra saídas a não ser traindo seus princípios morais. Compaixão para com aquele que desconhece a continuidade da vida e, portanto, apega-se à vida material para defender-se da transitoriedade dela. Por todos eles e por todos nós, o Pai celestial tem profunda misericórdia, pois somos crianças inconformadas com os destinos que se mostram a nós.

Portanto, é hora de voltarmos para casa e lembrar de nossa essência divina. Nos tomar como filhos de Deus e estar prontos para atravessar as sombrias avenidas de nossas provas existenciais. Que possamos fazer o esforço de nos manter acordados, de olhos abertos, para poder conquistar aprendizados eternos dessas experiências que a vida nos traz. Perder a presença sob a justificativa de algo ser insuportável é escolher o afastamento, também, do amparo espiritual e da consequente alegria de quem vence a si mesmo.

Então é isso... Todas as vezes que sua alma quiser escapar, "dê a mão para ela", e, no silêncio que é próprio da sabedoria divina, sustente sua presença até que a tempestade passe, pois todos sabemos que a chegada da bonança é inevitável.

Todas as vezes que sua
alma quiser escapar,
"dê a mão para ela",
e, no silêncio que é
próprio da sabedoria
divina, sustente sua
presença até que
a tempestade passe,
pois todos sabemos
que a chegada da
bonança é inevitável.

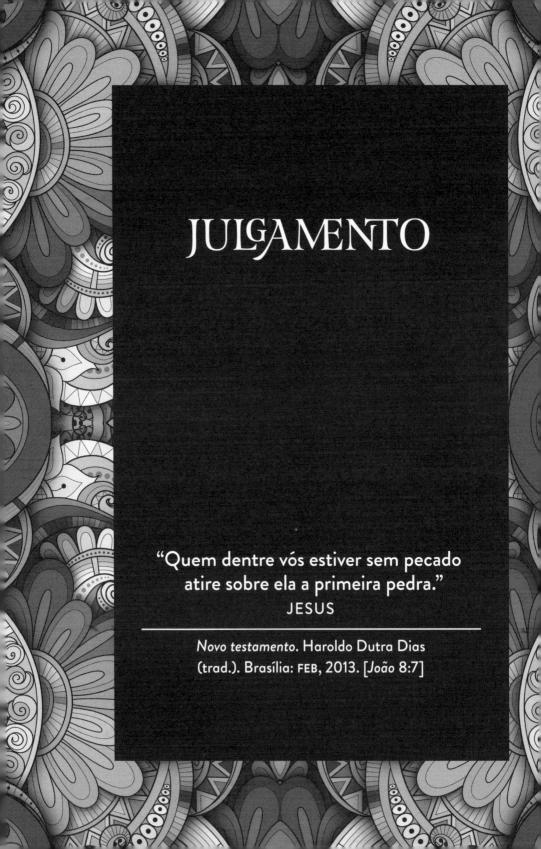

JULGAMENTO

"Quem dentre vós estiver sem pecado atire sobre ela a primeira pedra."
JESUS

Novo testamento. Haroldo Dutra Dias (trad.). Brasília: FEB, 2013. [*João* 8:7]

Quando Jesus nos diz: "não julgueis para não serdes julgados",[68] Ele se refere ao cuidado que precisamos ter com o impulso de julgar, pois este abre portas de mão dupla. Seríamos nós isentos da possibilidade de ser julgados por alguém? E mesmo que não o fôssemos, diante do julgamento, teríamos nós a certeza de que nenhuma falha reside em nossas almas? Pois aquilo que para o outro é reprovável, para nós pode não o ser, e vice-versa! Ou seja, por mais bem-intencionados que sejamos, existe a possibilidade de alguém não considerar nossa ação da mesma maneira. E mais: Jesus alerta para o fato de que a medida do julgamento que utilizarmos será a mesma que retornará ao nosso campo de ação. Essas palavras não são ameaças, embora possam ser tomadas assim. Esse chamado de Jesus se refere à lei da reciprocidade que rege nossas vidas e, principalmente, às consequências difíceis que decorrem de nossos atos irrefletidos. Refere-se à ilusão de invulnerabilidade que adquirimos quando nos consideramos detentores da verdade. É quando nos fixamos em determinadas perspectivas como se elas fossem únicas e, consequentemente, quando as tomamos como sendo de valor absoluto e universal.

O julgamento é um assunto de nossas almas, visto que muitas vezes nos impedimos de dar um passo novo em nossas vidas porque temos medo do julgamento alheio. Outras vezes o nosso julgamento próprio é tão rígido que nem nos permitimos ser aprendizes em nossas vidas, esperando uma ação de nós mesmos apenas quando não houver a possibilidade de errar... Como se pudéssemos ter nascido prontos... Em outros instantes, somos nós os

---

68. Haroldo Dutra Dias (trad.). *Novo testamento*. Brasília: FEB, 2013. [*Mateus* 7:1]

juízes dos outros, pois acusamos todos aqueles que não se comportam conforme nossos critérios. Olhando para o que há em comum nessas circunstâncias de julgamento, podemos perceber que está presente a necessidade de atender expectativas, sejam elas próprias ou advindas dos outros. E quanto mais a realidade se mostra adversa a essas expectativas, maior e mais intenso se torna o nosso julgamento. Quanto mais os acontecimentos evidenciam a distância entre as expectativas – o que é possível ser ou fazer por nós ou pelos outros –, mais críticos e enrijecidos quanto aos critérios avaliativos nos tornamos.

Mas de onde vêm tantas expectativas assim? De onde surge essa imensa vontade de receber mais que não se satisfaz com o possível de nós nem com o possível do outro?

Segundo Joanna de Ângelis, essas necessidades decorrem dos anseios de nossa criança interior, anseios estes não atendidos como gostaríamos por nossa família de origem.[69] Joanna explicita que, mesmo quando nos tornamos adultos em uma encarnação, mantemos guardados em nossos corações expectativas afetivas antigas, seja da infância atual, seja de experiências anteriores. Somos Espíritos em processo de crescimento, ou seja, nada em nossas almas se encontra já completo, inteiro, sem necessitar de ajustes. Todos nós, ainda, temos muito a cuidar, a rever, a modificar. Porém, como as necessidades não atendidas continuam presentes, podemos ainda desejar que os outros venham cuidar delas em nosso lugar, como se ainda fôssemos crianças.

Então, é desse lugar de precariedade que lançamos nosso olhar para nós mesmos e para os outros, no desejo de que os vazios afetivos sejam preenchidos da maneira que

---

[69] Joanna de Ângelis [Espírito], Divaldo Franco [médium]. *Em busca da verdade*. Salvador: LEAL, 2014. [cap. 5]

idealizamos e mais, por quem gostaríamos que fizesse isso. Desse modo, o julgamento, embora não seja desejável quando é parcial, pode indicar uma coisa muito importante: nossas necessidades não atendidas. Mostrar nossas necessidades nos torna tão vulneráveis que fechamos os olhos para elas, fixando nosso olhar para os culpados que elegemos por elas não terem sido atendidas a contento. Aprisionados no julgamento, não conseguimos mais perceber o que tanto queríamos e não pudemos receber. E mais ainda: nem desconfiamos de que, agora, somos nós os que já podem doar.

Aos olhos de Deus, ninguém nos deve nada nem nós devemos nada a ninguém. Cada um de nós, Espíritos em crescimento contínuo que somos, colabora com o desenvolvimento do outro ao mesmo tempo em que se desenvolve. Os Espíritos nos ensinam que: "os mais adiantados auxiliam o progresso dos outros, por meio do contato social".[70] Isso se dá em uma rede solidária afetiva em que todos fazem o seu possível, e o julgamento dessa medida é o da esfera divina. Manter-se juiz nas relações conosco ou com os outros é escolher se abster de agir e se refugiar na precariedade alheia como se precários não fôssemos. Estacionados no julgamento que tanto nos exaure, não olhamos as flores que já estão nascendo de nossas semeaduras e que tanto podem perfumar nossas vidas.

Assim, abrir mão de cobranças é libertar nossas almas para o futuro. O passado precisa ser visto como raízes que sustentam nossas ações presentes e futuras, e jamais como espaço de julgamento que gera lamentações. Estas podem ser uma boa desculpa para não cuidarmos do que é a nossa tarefa nesta existência. Para a providência divina, não há

---

[70] Allan Kardec. *O livro dos Espíritos*. Brasília: FEB, 2018. [questão 779]

privilégios para ninguém, posto que estamos sob a guarda da lei da igualdade.[71] Todos somos filhos de Deus, e para o Pai não existem preferidos... existem criaturas em aprendizado. Portanto, ninguém encarna com vantagens sobre ninguém. Cada um de nós experiencia o que é necessário para o próprio desenvolvimento espiritual.

Bem, então, por onde começar? Por um bom exercício de compaixão. Ter compaixão por nós mesmos e pelos outros é um passo inicial de extrema importância, pois a compaixão dissolve o orgulho. E todos sabemos que quando ocupamos o lugar de julgadores, nosso orgulho aumenta assustadoramente e nos afasta de nossa essência divina. Assim, quando aparecer a vontade de julgar – os outros ou até a nós mesmos –, você pode refletir sobre as seguintes questões: "Qual das minhas necessidades não está sendo atendida?" e "O que eu quero que não me é oferecido?". Feito isso, a vontade de julgar já diminui bastante! Em seguida, procure atualizar essa percepção, ou seja, pergunte-se: "Eu ainda preciso mesmo disso? Em que medida?". E, por último, questione-se: "O que eu posso fazer para cuidar disso que me falta?"; "Há alguém que possa me ajudar a conseguir o que quero?".

Se pudermos fazer essas reflexões quando a vontade de julgar surgir, descobriremos algo simples, mas muito especial: tudo o que mais queremos nesta vida é somente amar e ser amados. Simples assim. Então, basta fixar nosso olhar nos olhos límpidos de Jesus e lembrar que há nele a profunda compaixão por nossas pequenezas, como também uma fé incrível em nossa grandeza, pois ele afirmou com muita certeza, pedindo a todos nós que também

---

71. *Ibidem.* [questão 803]

tivéssemos fé: "As obras que eu faço, ele também fará, e fará maiores do que estas".[72]

Que todas as nossas necessidades, agora, possam ser cuidadas por cada um de nós!

⁓•⁓

FIXEMOS NOSSO OLHAR NOS OLHOS LÍMPIDOS DE JESUS E LEMBREMOS QUE HÁ NELE A PROFUNDA COMPAIXÃO POR NOSSAS PEQUENEZAS, COMO TAMBÉM UMA FÉ INCRÍVEL EM NOSSA GRANDEZA.

---

72. Haroldo Dutra Dias (trad.). *Op. cit.* [*João* 14:12]

PERSISTÊNCIA

"Portanto, tornai a levantar as mãos cansadas e joelhos desconjuntados."
PAULO

Bíblia sagrada. João F. Almeida (trad.). São Paulo: SBB, 2008. [*Hebreus* 12:12]

Tem momentos em nossa vida em que fica difícil seguir adiante, pois para nós parece impossível continuar. O que Paulo de Tarso nos oferece é o incentivo para prosseguir, pois dificuldade há para todo mundo! Cada um tem *uma determinada dificuldade.* Se estiver no seu caminho, mesmo que não tenha sido criada por você, algum aprendizado você poderá adquirir na superação, no enfrentamento da situação que se apresenta à sua frente. Então, é importante que nesses momentos em que se sente assim, sem forças para prosseguir, você possa dar uma paradinha e olhar um pouco para trás. Se puder, procure fazer uma retrospectiva dos momentos em que passou por outras dificuldades (é verdade que cada vez que aparece uma, ela parece ser a maior de todas); perceba que naqueles momentos você também achou que a situação era a mais difícil. Pode ser até que você tenha considerado que não conseguiria suportar, pois, na verdade, só sabemos que somos capazes de suportar algo depois que tudo passa. Então, o convite para a retrospectiva serve para lembrá-lo dos momentos de grandes desafios, momentos nos quais você atravessou perdas de várias ordens ou talvez enfrentamentos inevitáveis do desconhecido, do que era muito novo; enfim, dê uma olhada nesses momentos e procure lembrar que recursos sua alma utilizou para poder superá-los. Se você puder reconhecer esses recursos... Por exemplo, imagine que você tenha usado os recursos da ousadia, da impetuosidade, da coragem, da organização, do comprometimento, da responsabilidade, da criatividade ou do idealismo, que fizeram com que você se agarrasse ao seu sonho para suportar tudo... Veja que forças estavam presentes nesses instantes e você perceberá que essas forças que conquistamos nas adversidades começam a fazer parte do tecido de nossa alma... Elas não somem! Elas permanecem, muitas vezes, em estado adormecido, esperando por seu chamado na próxima oportunidade para entrar em exercício. Algumas nascerão, outras serão retomadas.

Então, quando entramos em uma situação diferente daquelas do cotidiano e, principalmente, quando estamos em uma situação adversa, podemos acessar esses recursos novamente, pois eles se encontram como patrimônio em nossas almas. Quanto mais nos afinamos com eles, mais à mão esse acesso está. Porém, há um detalhe importante: essas forças aparecem somente nos momentos de enfrentamento, e não antes deles; eles ficam fora de vista e somente quando você se dispõe a agir é que a sua força ganha tamanho, intensidade, presença, como se esses recursos só se mostrassem despertos dessa maneira. Isso significa dizer que depende de cada um trazer sua própria força à presença, novamente. E o que é que faz esses recursos virem à tona?

Eu creio que é a fé, essa certeza que há no coração de que nada acontece na vida que seja sem querer, de que nada acontece na vida por simples acaso e de que nada na vida de um reencarnante é banal. Então, o que quer que esteja acontecendo em sua vida tem um propósito, um sentido e a possibilidade de trazer crescimento, mesmo que seja por meio de uma adversidade imensa. É possível manter a fé acesa quando você se assegura de que persistir pode levá-lo a um momento melhor do que o atual, mesmo que você ainda não consiga ver.

Por isso, Emmanuel, na página "Persiste e segue", afirma que muitas vezes levantamos as mãos para começar um trabalho, mas, quando surgem as adversidades, temos dificuldade de persistir.[73] Então, ele reforça o convite de

---

73. Emmanuel [Espírito], Francisco C. Xavier [médium]. *Fonte viva*. Brasília: FEB, 2015. [cap. 99]

Paulo para levantarmos as mãos novamente, quantas vezes for necessário, para que possamos alcançar nossos propósitos no bem.

A palavra "tornar" mostra que Paulo leva em consideração que já levantamos as mãos, mas quando a situação se tornou mais áspera, soltamos as mãos da tarefa, nos afastamos das circunstâncias, desistimos de tentar... É aí que Paulo insiste para que tornemos a nos aproximar, a pegá-la de volta, a nos apropriarmos dela para continuar a agir naquilo que nos cabe. E Emmanuel completa essa ideia mostrando a finalidade de persistir: se não continuarmos na tarefa não veremos a colheita, não veremos o fruto desse trabalho que nos dispomos a realizar.

Então, é a persistência na fé que nos faz conseguir perceber que persistir vale a pena. Fé em nós mesmos, fé na espiritualidade maior, fé em Deus.

Ter fé em nós é o mesmo que ter fé em Deus, pois Deus é em nós.

Assim, quando começamos um trabalho, quando nos lançamos na vida já dizendo que não vamos conseguir, abdicamos de descobrir o tamanho de nossa força. Uma pérola só se forma quando a ostra se atrita com um agente estranho a ela. Se não houvesse nenhum enfrentamento, jamais teríamos colares tão preciosos.

Desse modo, quanto mais atritos se apresentam, quanto mais adversidades surgem, mais oportunidades para a nossa força se fazer presente, e em proporções cada vez maiores. No entanto, é preciso cuidado nesse entendimento para que não fiquemos fanáticos pelo sofrimento. O que queremos afirmar é que é possível mudar nossa perspectiva sobre o sofrimento e, assim, atravessá-lo com mais aproveitamento. Quando começamos a entender que as adversidades podem ser tomadas como oportunidades de crescimento e não como obstáculos, modificamos o nosso olhar sobre os acontecimentos. Isso muda completamente a maneira como a nossa força vai se estabelecer. Então, podemos até nos alegrar quando a tempestade passa, pois já somos outros, mais fortalecidos e com maior visão da vida.

Emmanuel termina esse texto reconhecendo nossas dificuldades, mas aponta para as consequências da desistência:

> Assim acontece conosco na jornada espiritual. A luta é o meio. O aprimoramento é o fim. A desilusão amarga. A dificuldade complica. A ingratidão dói. A maldade fere. Todavia, se abandonarmos o campo do coração por não sabermos levantar as mãos, de novo, no esforço persistente, os vermes do desânimo proliferarão.[74]

Então, o autor nos orienta a respirar e continuar, mesmo se estivermos inseguros para prosseguir. Se seguirmos em frente, poderemos contar com a espiritualidade que deposita, com muito carinho e se nossas mãos estiverem abertas, a força, as bênçãos de que vamos precisar para chegar até o final de nossa jornada.

SUGESTÃO DE EXERCÍCIO

Quero convidá-lo a realizar um exercício simples para fortalecer sua persistência.

Em uma folha de papel, elabore uma lista de momentos de sua vida em que você se lançou em algum desafio.

Leve alguns minutos nessa tarefa.

Respire.

---

74. *Ibidem.*

Depois de escrever os desafios, anote ao lado de cada um quais forças estiveram presentes naquele momento.

Que tipos de recursos de sua alma você utilizou e que o ajudaram? Pode ser que você tenha usado coragem, dedicação, reflexão, confiança, criatividade... Anote o(s) recurso(s) ao lado de cada item de sua lista.

Quando terminar as anotações dos desafios e das forças que você empreendeu para poder superá-los, escreva o que aprendeu e o que mudou em sua vida.

Recapitulando: primeiro você deve se lembrar dos momentos de desafios, depois das forças de sua alma que estiveram presentes para atravessá-los e, por fim, o que você aprendeu e como ter passado pelos desafios modificou você.

Todas as vezes que você considerar que está em um momento muito difícil, retome essa lista e perceba que você já conseguiu passar por tantos desafios... Reveja as forças de que lançou mão e que podem estar presentes novamente. Atente para a possibilidade de uma nova força estar surgindo, uma da qual você ainda pode não ter se apropriado.

Creia que você não está sozinho, pois a espiritualidade confia em sua possibilidade de crescimento.

~•~

TER FÉ EM NÓS É O MESMO QUE TER FÉ EM DEUS, POIS DEUS É EM NÓS.

REFLEXÃO

"Se a perturbação, por ventania gritante, ruge à porta, não te entregues aos pensamentos desordenados que aflições e temores te sugiram à alma. Para e Pensa."
EMMANUEL

Livro da esperança. Emmanuel, Francisco C. Xavier [médium]. Uberaba: CEC, 2012. [cap. 57]

Nesse trecho, o autor Emmanuel oferece uma saída para momentos muito difíceis de atravessar. Ele aponta para nossa capacidade de parar e pensar que, comumente, denominamos de reflexão, e que nos auxilia a resistir ao convite das aflições. Para podermos compreender a força e a importância que nosso pensamento tem, basta lembrarmos de uma outra frase do mesmo autor no qual ele afirma que "nosso pensamento cria a vida que procuramos".[75] Lidar com nossos pensamentos, como força criativa, requer um nível de atenção diferente do que entendemos como controle. É preciso uma tomada de consciência do âmbito de ação que o pensar gera desde em atos mais cotidianos até os mais complexos e decisivos de nossas vidas. Pensar é uma conquista evolutiva do Espírito, e é de uma magnitude que temos pouca condição de aquilatar.[76] Portanto, o convite de Emmanuel não é ingênuo no sentido de que basta pensar com força e repetição e a vida acontecerá conforme nossos desejos. Nosso conselheiro nos lembra da parte que nos cabe no cuidado de nós mesmos: parar e pensar. E essa responsabilidade é profundamente curativa e salvadora.

---

75. Emmanuel, Francisco C. Xavier [médium] *Pensamento e vida*. FEB, 2006. [introdução]
76. "Na escala da evolução, o pensamento, a consciência, a liberdade, só aparecem depois de muitos degraus. Na planta, a inteligência dorme; no animal, ela sonha; só no homem ela desperta, se reconhece, se possui e se torna consciente. A partir de então o progresso, de certa forma fatal nas formas inferiores da Natureza, só pode ocorrer pela concordância da vontade humana com as leis eternas."
    Léon Denis. *O problema do ser, do destino e da dor*. Brasília: FEB, 2013. [cap. 9]

Para aprofundar esse conselho de Emmanuel, desenvolveremos, com o auxílio da filosofia, o lugar do pensamento em nossas experiências. Segundo a filósofa alemã Hannah Arendt (1906–1975), há três faculdades espirituais presentes no homem: pensar, querer e julgar.[77] Aqui, nos deteremos na primeira. O julgamento, a vontade e o pensamento são faculdades que nos acompanham durante a vida tanto como encarnados quanto como desencarnados, o que significa dizer que, para nós, não é possível não pensar, não querer e não ter juízos acerca do que acontece.[78] Estamos o tempo todo pensando, mesmo quando dormimos. O que se modifica é a nossa relação com essa atividade, já que o pensamento se dá em fluxo contínuo. Podemos ficar presos no pensamento ou nos deixar levar pelo fluxo, de modo que existe a possibilidade de habitarmos o lugar duplo de pensadores e de observadores do próprio pensamento. Por exemplo, quando os orientais nos ensinam sobre a necessidade de meditar, silenciar a mente, não quer dizer que devemos "pensar em nada"; não é para deixarmos de ter pensamentos. Meditar é não se prender, não ficar fixado em preocupações; é simplesmente deixar passar, perceber o fluxo passando e não se identificar com nenhum assunto. Quando podemos experimentar esse espaço que surge entre nós e os pensamentos, quando podemos sentir esse esvaziamento mental, nosso corpo corresponde, relaxando-se.

---

77. Hannah Arendt. *A vida do espírito*. Rio de Janeiro: Relume-Dumará, 2002. [introdução]
78. Neste texto não caberá uma reflexão sobre o julgamento, mas só a título de pequeno esclarecimento, a autora se refere à nossa capacidade crítica de ajuizar sobre algo. Não se deve confundir com julgamento moral, preconceitos ou algo referente a isto.

Junto dessa possibilidade de meditar, de criar um espaço entre nós e os pensamentos cotidianos, temos a reflexão. Ela é uma das inúmeras possibilidades que o pensamento nos oferece, ou seja, podemos refletir porque o pensamento contínuo assim nos permite. Refletir é uma necessidade humana que acompanha quase tudo o que nos acontece, situações conhecidas ou não.[79] Precisamos refletir porque necessitamos atribuir significado ao que vivemos, pois sem a presença da significação de nossas experiências, viver se torna completamente sem sentido. Na reflexão, outros pontos de vista podem surgir acerca da mesma questão, uma vez que o espaço criado entre nós e os acontecimentos permite a mudança de perspectiva. Quando isso ocorre, ampliam-se também as nossas possibilidades de ação. Por isso, poder parar e pensar, isto é, refletir, permite-nos transformações.

A respeito de podermos observar nossos pensamentos, o filosofo Platão afirmava que, pelo pensamento, o homem tem a possibilidade de ser "dois em um". É curioso o quanto somos "dois em um" sem nos dar muita conta disso. Perceber que podemos pensar em alguma coisa agora e, ao mesmo tempo, prestar atenção ao que estamos pensando, e cuidar disso, é libertador. É nesse intervalo que podemos perceber que há um grau de liberdade presente em nós mesmos. Ou seja, ter algum juízo, alguma crítica, alguma reflexão sobre o que estamos pensando em um determinado momento revela quão livres podemos ser em nossas almas, porque podemos refutar ou acolher aquilo que o fluxo de pensamento oferece. Então, somos aqueles que pensam e aqueles que observam o que pensam. Quanto mais observadores, mais livres.

---

79. Hannah Arendt. *Op. cit.*

Essa capacidade de reflexão que o nosso pensamento oferece mostra que ele é como uma matriz, e assim refletir, meditar, compreender, contemplar, raciocinar e muitas outras possibilidades só acontecem porque temos o pensamento como nosso patrimônio. Pelo fato de nosso pensamento ser contínuo e, portanto, podermos pensar o tempo todo, é que temos junto dele a nossa memória. Então, podemos, por meio da memória, sentir uma variedade de emoções que nascem juntas com o que nos acontece. E não só podemos reviver e ressentir tantas lembranças, como também antecipar situações e nos emocionar aqui no presente. Tudo isso é possível porque nosso pensamento é capaz de prospectar, lançando-nos para o futuro, e também retrospectar, levando-nos de volta para algum ponto de nossa história. E, porque pensamos, podemos ter esperanças quanto ao que ainda não se concretizou, e podemos guardar memórias sobre nossas vivências. Podemos, também, criar sonhos, que é quando nosso pensamento se move para a frente, assim como podemos nos aproximar de tudo o que já nos aconteceu, e ter a recordação. Então, sonhar e recordar são duas possibilidades de movimentos temporais que nosso pensamento nos permite, ao mesmo tempo em que habitamos o presente, o agora.

Esse movimento que o pensamento realiza é também um termômetro de nossa saúde. Quando estamos adoecidos psiquicamente, quando temos algum sofrimento específico dessa ordem, nossa capacidade de pensar também acompanha esse prejuízo. Podemos, assim, ficar com o pensamento obsessivo, presos no medo do devir, sem conseguir permitir que haja movimento e fluxo para o pensamento. Pensar obsessivamente em algo é um modo de impedir o novo de chegar, pois, por mais paradoxal que seja, o novo também nos assusta por sua enorme imprevisibilidade.

Também podemos ficar aprisionados no futuro, com o pensamento totalmente preso no que ainda virá, retidos em uma preocupação circular e, muitas vezes, acrescidos de muita ansiedade. Fixarmo-nos no futuro pode ser uma estratégia de proteção para um presente difícil, mesmo que o futuro seja difícil. Queremos deixar nosso pensamento lá na frente, para ver se há alguma chance de controle das circunstâncias. Podemos, muitas vezes, ficar estacionados em acontecimentos do passado, presos em situações com as quais ainda não conseguimos concordar. Quando isso ocorre, fica muito difícil deixar que o fluxo do pensamento leve nossas almas para outras paisagens e, principalmente, é penoso cuidar do presente.

Poder fazer o "dois em um" de Platão com leveza, com flexibilidade e com frequência é tarefa que a nossa faculdade de pensar nos permite realizar, mas que poucas vezes descobrimos ser possível.[80] Por isso, Emmanuel nos incentiva à reflexão por meio do caminho da prece, que é um exercício indubitavelmente eficaz:

> À vista disso, se desatinos dessa ou daquela procedência te visitam a alma, entra em ti mesmo e acende a luz da prece, reexaminando atitudes e reconsiderando problemas, entendendo que a renovação somente será verdadeira renovação para o bem, não à custa de compressões exteriores, mas se projetarmos ao tear da vida o fio do próprio pensamento, intimamente reajustado e emendado por nós.[81]

---

80. *Ibidem*. [cap. 3, item 18]
81. Emmanuel, Francisco C. Xavier [médium]. *Livro da esperança*. Uberaba: cec, 2012. [cap. 57]

Que possamos usar o pensamento, essa faculdade rica, para poder encontrar equilíbrio, para conseguir ficar de pé diante das adversidades naturais da existência. É certo que não podemos evitar as adversidades, mas somos capazes de cuidar de nós mesmos por meio de nossa capacidade de pensar. Podemos parar de agir um instante para poder refletir e, assim, redirecionar o curso de nossas vidas rumo ao que nos faz cada vez melhores e mais felizes.

QUE POSSAMOS USAR O PENSAMENTO PARA PODER ENCONTRAR EQUILÍBRIO, PARA CONSEGUIR FICAR DE PÉ DIANTE DAS ADVERSIDADES NATURAIS DA EXISTÊNCIA. PODEMOS PARAR DE AGIR UM INSTANTE PARA PODER REFLETIR E, ASSIM, REDIRECIONAR O CURSO DE NOSSAS VIDAS RUMO AO QUE NOS FAZ CADA VEZ MELHORES E MAIS FELIZES.

EVANGELHO NO LAR

"Quando o ensinamento do Mestre vibra entre as quatro paredes de um templo doméstico, os pequeninos sacrifícios tecem a felicidade comum."

EMMANUEL

Luz no lar. [Espíritos diversos], Francisco C. Xavier [médium]. FEB, 2016. [cap. 1]

Todos nós ouvimos falar da necessidade de estabelecer um momento em nossa rotina familiar para conversar sobre o Evangelho de Jesus. Trata-se de uma oportunidade rica de encontro que qualquer um de nós pode começar, em qualquer dia da semana, qualquer horário, desde que seja frequente a fim de acender uma luz na própria casa, que é um lugar sagrado. Porém, pode ser que não estejam tão claros a sua importância e o seu lugar, cabendo aqui uma pequena reflexão.

Para começar, visitemos o *Novo testamento*, capítulo 18 de Mateus, no qual os primeiros versículos dizem o seguinte:

> Naquela hora, os discípulos aproximaram-se de Jesus dizendo: quem é, então, o maior no Reino dos Céus? Chamando uma criancinha, colocou-a de pé no meio deles e disse: Em verdade vos digo que se não vos voltardes e vos tornardes como as criancinhas, de modo nenhum entrareis no Reino dos Céus. Portanto, aquele que se diminuir como esta criancinha, esse é o maior no Reino dos Céus. E quem receber em meu nome uma criancinha como esta, recebe a mim.[82]

Nesse versículo, Jesus está dizendo que para poder nos desenvolver espiritualmente precisamos passar pelo lugar da humildade, porque se tornar menino é isso! Esse "apequenar-se" que o Mestre sugere é despir-se de arrogância, é exercitar o desapego. E desapegar é abrir mão de tudo aquilo que nos dizem, pois acreditamos que somos maiores do que verdadeiramente somos. Conforme Emmanuel:

---

[82]. Haroldo Dutra Dias (trad.). *Novo testamento*. Brasília: FEB, 2013. [*Mateus* 18:1–5]

"é necessário aceitar a nós mesmos, tais quais somos, sem acalentar ilusões a nosso respeito".[83]

Tornar-se pequeno é encontrar-se com a pureza, com a simplicidade, é abrir mão da vontade que se tem de ser juiz dos outros, de ser maior do que um irmão, de julgar um irmão e, assim, finalmente, poder se encontrar com a própria essência. Isso é ser menino, é ser filho de Deus, porque precisamos saber ser pequenos para crescer com segurança, para podermos tomar a nossa grandeza antes que ela se transforme em soberba.

Então, esse processo de apequenar-se, esse aprendizado da humildade que é a busca do encontro com aquilo que é simples e essencial, não está tão distante como imaginamos. Ele pode começar agora, em nosso lar, com nossos familiares ou até mesmo sozinhos, para podermos nos encontrar com nosso Pai. Esses instantes são aqueles em que nenhum outro compromisso é mais importante do que encontrar a nós mesmos em nosso lar, a fim de obtermos momentos de serenidade, de calma e tranquilidade no espaço cotidiano da casa.

Os Espíritos nos ensinam que é muito tranquilo começar uma atividade dessas por sua simplicidade. Trata-se de uma disposição íntima e leve: a de colocar um copo com água sobre a mesa, abrir uma pequena página de um livro espírita de que gostamos, podendo ser o próprio *O Evangelho segundo o espiritismo* ou algum livro em que os Espíritos tragam notícias do mundo espiritual. Pode ser uma leitura ao acaso ou pode ser uma leitura sequencial; o que importa é que possamos encontrar o melhor jeito, aquele que nos aproxime mais de nós mesmos, dos outros e de Deus.

---

83. Emmanuel [Espírito], Francisco C. Xavier [médium]. *Livro da esperança*. Uberaba: CEC, 2012. [cap. 60]

Essa leitura pode ser curta, não precisa ser um estudo muito grande porque não é o seu tamanho que importa. A essência desse encontro é a conexão! A possibilidade de os Espíritos protetores chegarem à nossa casa é enorme quando criamos esses momentos de reflexão e conversa. São nesses segundos que podemos respirar, nos aquietar, desligar o telefone e nem atender a nada que seja mais importante do que estarmos juntos, ali, para fazer nossa leitura. São momentos sagrados, de aprofundamento de laços afetivos da família, e de entrelaçamento com a família espiritual que tanto nos vela. Nesses momentos, podemos nos emocionar, nos sentir nos braços de Deus, acolhidos pela espiritualidade maior. É muito importante compreender que quando fazemos esse exercício de reflexão constantemente, no mesmo dia da semana e na mesma hora, a espiritualidade também se organiza e se coloca a postos, a serviço de nossa comunhão.

É por isso que quando Jesus diz: "em verdade vos digo que tudo que ligardes na Terra será ligado nos Céus, e tudo que desligardes na Terra será desligado nos Céus",[84] nesse jogo de palavras metafóricas o Mestre está pontuando que aquilo que se conecta no íntimo de nossas almas tem ressonância imediata no mundo espiritual. Então, se há conexão aqui na Terra, em nosso lar, entre nós, encarnados, assim também os Espíritos amorosos e afinados conosco se movimentarão. E, da mesma maneira, se nós aqui nos desorganizarmos, nos desunirmos, nos desconectarmos de nós mesmos e dos nossos, estaremos nos afastando do apoio espiritual, pois faltarão condições para que qualquer conexão se estabeleça. Então, a espiritualidade precisa que

---

84. Haroldo Dutra Dias (trad.). *Op. cit.* [*Mateus* 18:18]

façamos uma conexão, por mais simples que seja, para que a ajuda espiritual possa se fazer. Isso não quer dizer que os Espíritos se afastem de nós, mas que para eles se aproximarem é necessário que ofereçamos condições. Por exemplo, para um aparelho elétrico funcionar, faz-se necessário ligá-lo à tomada. Embora exista energia elétrica passando pelos fios dentro das paredes o tempo inteiro, se não houver a ação de ligar o aparelho na tomada, nada funcionará.

Então, para que possamos receber ajuda espiritual, precisamos nos colocar a postos, e o Evangelho no lar, na disciplina do horário e do dia, é uma maneira de nos colocarmos em conexão; é como se nos "ligássemos na tomada". Seria semelhante a abrir a janela de nossa casa para o sol entrar e nos aquecer. Qualquer metáfora desse porte é clara e nos diz que Deus está em todos os lugares, mas é preciso fazer a nossa parte. Essa responsabilidade cabe a cada um de nós.

E, mais à frente, nesse mesmo capítulo, Jesus diz algo muito amoroso: "pois onde dois ou três estão reunidos em meu nome, aí estou no meio deles".[85] Essa é a proposta de união que Jesus oferece a partir de nossa conexão uns com os outros. Nos reunirmos em nome de Jesus, quer dizer, em nome do amor! E em nome do amor, quanto esforço vale a pena! Mesmo que não consigamos a adesão da família nos primeiros convites, a intenção da união já está valendo. É possível nos unirmos em pensamento com eles, orando por eles, por amor! Jesus se faz presente onde o exercício do amor acontece. Na verdade, não fazemos um Evangelho no lar sozinhos, jamais! Temos juntos de

---

85. *Ibidem.* [Mateus 18:20]

nós uma equipe de estudos, que nos assessora quanto à intenção de melhoria no lar.

E se, por acaso, chegarem visitas em nossa casa nesse momento sagrado, é uma boa ideia convidá-las para o banquete espiritual com Jesus. Basta colocarmos um copo de água para elas também e dizer: "Seja bem-vindo, amigo! Nós dois ou mais, aqui reunidos em nome de Jesus, teremos a companhia dele, e seremos agraciados, nutridos, amados por nosso Pai, incondicionalmente".

Então, podemos começar hoje esse alimento sagrado. Podemos começar agora o nosso Evangelho no lar. Colocar próximo de si um copo pequeno de água, abrir uma página de O Evangelho segundo o espiritismo ao acaso, ler, conectar, respirar, nos deixar banhar pelo ambiente de luz que se faz quando aquietamos nossas almas. Começaremos a perceber como o clima espiritual de nossa casa se modifica progressivamente. É possível sentir uma diferença em nós mesmos na tomada de decisões, no preparo para ter aquela conversa com algum familiar. Inclusive, se o ambiente do lar estiver tumultuado, é preferível escolher um cantinho, pode ser até lá na área de serviço, o importante é que seja mais calmo, pois Deus está em todo lugar. Podemos nos recolher, ler o trecho escolhido, pedir luz e amparo espiritual para o nosso lar. Podemos, certamente, compartilhar com a espiritualidade maior os nossos sentimentos, dividindo nossas preocupações. Assim, retomando as palavras de Jesus, ser pequenino é ter fé de que o apoio é incondicional e é o melhor que podemos receber.

Em O Evangelho segundo o espiritismo, no capítulo "Pedi e obtereis", há um trecho que muito esclarece o modo como se dá esse auxílio, e que explica como acontece a transmissão de pensamento dos encarnados para os desencarnados e vice-versa.[86] Uma vez que estamos todos mergulhados no fluido universal, esse fluido recebe uma impulsão vinda de nosso pensamento por meio da prece e alcança seu destino. Os Espíritos comparam esse fenômeno com o que ocorre entre o ar e o som. Assim como um som só pode ser ouvido na presença do ar que o veicula, nossas orações chegam à espiritualidade, e esta nos auxilia, da mesma forma, por meio do fluido universal:

> É assim que os Espíritos ouvem a prece que lhes é dirigida, qualquer que seja o lugar onde se encontrem; é assim que os Espíritos se comunicam entre si, que nos transmitem suas inspirações, que relações se estabelecem à distância entre encarnados.[87]

Portanto, iniciar o Evangelho no lar é acender a luz de paz em nosso lar, em nosso quarteirão, em nosso bairro, em nossa cidade, nosso país, nosso planeta!

E retornando à resposta de Jesus no capítulo XVIII, na qual ser maior é saber ser menor, concluímos que saber pedir ajuda é um exercício de apequenar-se. No encontro do Evangelho no lar, podemos, em conjunto, reconhecer que não somos autossuficientes, que não somos poderosos para resolver tudo, que não temos o controle da existência em nossas mãos. É nesse encontro com nossos familiares, com os Espíritos protetores e conosco, mas, sobretudo, com nosso Pai, que podemos admitir que precisamos uns dos outros. Todos nós precisamos desse contato, não por

---

86. Allan Kardec. *O Evangelho segundo o espiritismo*. Brasília: FEB, 2018. [cap. XXVII, item 10]
87. *Ibidem*.

fraqueza, não porque somos inexperientes; nada disso. É porque ser pequeno é de nossa condição humana, é de nossa condição primeira de filhos do Universo. Isso não nos enfraquece, pelo contrário; isso nos dá a certeza e a fé e a segurança de que maior é o nosso Pai, que está nos Céus.

~·~

INICIAR O EVANGELHO NO LAR É ACENDER A LUZ DE PAZ EM NOSSO LAR, EM NOSSO QUARTEIRÃO, EM NOSSO BAIRRO, EM NOSSA CIDADE, NOSSO PAÍS, NOSSO PLANETA!

VONTADE

"Só a vontade é suficientemente forte
para sustentar a harmonia do espírito."
EMMANUEL

Pensamento e vida. Emmanuel, Francisco C. Xavier [médium]. Brasília: FEB, 2015. [cap. 2]

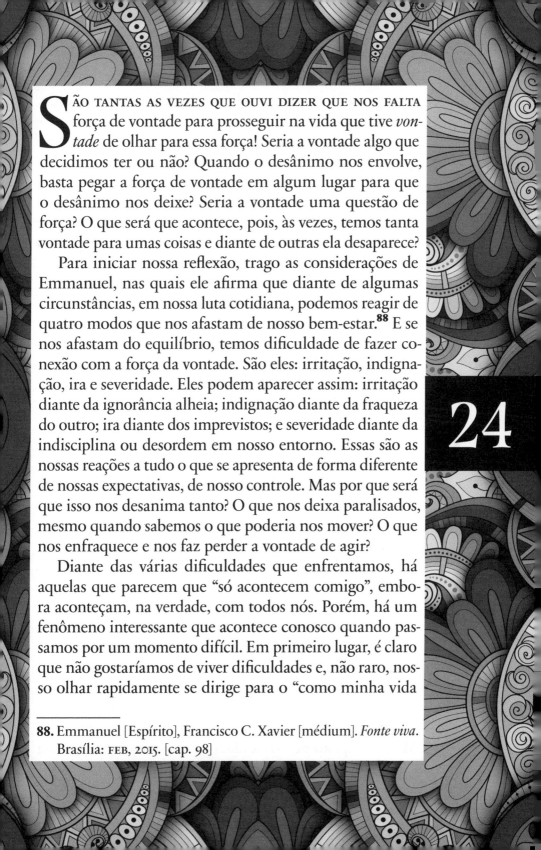

São tantas as vezes que ouvi dizer que nos falta força de vontade para prosseguir na vida que tive *vontade* de olhar para essa força! Seria a vontade algo que decidimos ter ou não? Quando o desânimo nos envolve, basta pegar a força de vontade em algum lugar para que o desânimo nos deixe? Seria a vontade uma questão de força? O que será que acontece, pois, às vezes, temos tanta vontade para umas coisas e diante de outras ela desaparece?

Para iniciar nossa reflexão, trago as considerações de Emmanuel, nas quais ele afirma que diante de algumas circunstâncias, em nossa luta cotidiana, podemos reagir de quatro modos que nos afastam de nosso bem-estar.[88] E se nos afastam do equilíbrio, temos dificuldade de fazer conexão com a força da vontade. São eles: irritação, indignação, ira e severidade. Eles podem aparecer assim: irritação diante da ignorância alheia; indignação diante da fraqueza do outro; ira diante dos imprevistos; e severidade diante da indisciplina ou desordem em nosso entorno. Essas são as nossas reações a tudo o que se apresenta de forma diferente de nossas expectativas, de nosso controle. Mas por que será que isso nos desanima tanto? O que nos deixa paralisados, mesmo quando sabemos o que poderia nos mover? O que nos enfraquece e nos faz perder a vontade de agir?

Diante das várias dificuldades que enfrentamos, há aquelas que parecem que "só acontecem comigo", embora aconteçam, na verdade, com todos nós. Porém, há um fenômeno interessante que acontece conosco quando passamos por um momento difícil. Em primeiro lugar, é claro que não gostaríamos de viver dificuldades e, não raro, nosso olhar rapidamente se dirige para o "como minha vida

---

88. Emmanuel [Espírito], Francisco C. Xavier [médium]. *Fonte viva*. Brasília: FEB, 2015. [cap. 98].

deveria ser", na tentativa de nos livrarmos do mal-estar. Mas, paradoxalmente, quanto mais resistimos olhar para o que existe e nos voltamos para aquilo que deveria ser, para o que nos falta, mais intenso se torna nosso incômodo! E nos tornamos queixosos, indignados, irados, severos, irritados, insatisfeitos com a vida.

Mas, pensando bem... Não foi sempre assim... Como será que ficamos desse jeito? Tudo o que nos acontece hoje vem sendo construído ao longo do tempo. E nossas insatisfações decorrem de nossas verdades que não estão sendo cumpridas. Essas verdades tão fortes para nós serão chamadas aqui de crenças, como uma forma de começarmos a aceitar que no estágio evolutivo em que estamos não existem ainda verdades absolutas. Temos crenças provisórias que se modificam com o tempo a fim de oferecer movimento a cada um de nós. Essas crenças são consideradas por nós como sendo essenciais ao nosso equilíbrio e nossa vontade de viver. Por serem tão fortes, estruturantes, essas crenças se tornam verdades absolutas para nós, perdendo assim seu caráter provisório, que corresponde ao fluxo que nossa vida tem. Que consequência tem isso? É que nossos comportamentos se condicionam às nossas crenças. Isso significa dizer que quando modificamos nosso modo de ver a vida, nosso comportamento imediatamente acompanha essa mudança. Mas como se formam as nossas verdades, as nossas crenças?

Vamos "começar do começo"?

Quando somos crianças, nossas possibilidades de compreender o contexto das situações em que vivemos é muito reduzida. Principalmente porque a infância é o momento da vida em que nos ocupamos muito de nós mesmos, pois há necessidade dos desenvolvimentos biológico, cognitivo e emocional que precisam de nosso tempo e dedicação. Mas, a despeito de nossa idade, é justamente na infância que nossas percepções tomam corpo e se tornam verdades que nos auxiliam a entender o que acontece à nossa volta. Muitas vezes, tomamos dos adultos essas verdades prontas; muitas outras, elas são construídas a partir de nossas experiências, dolorosas ou não. Pelo fato de serem construídas nessa fase da vida, são profundamente ideais. Só seriam possíveis e exequíveis se nosso mundo fosse perfeito como em nossa imaginação.

À medida que a vida caminha, inúmeros acontecimentos nos mostram que aquelas verdades não são tão verdadeiras assim, e nossa tendência é nos agarrarmos mais ainda àquelas compreensões precárias. E quando isso não é possível, principalmente diante de algo muito intenso, como uma dor muito profunda ou uma percepção inquestionável, modificamos nosso comportamento reativamente, ou seja, com a mesma força, com a mesma importância que nossa crença tem para nós. Isso é como reagimos. E para não sofrer mais como antes, para nos defendermos desse estado dolorido, adotamos uma nova crença, só que reativa, defensiva, a fim de lidar com a realidade que insiste em ser diferente daquela que gostaríamos que ela fosse.

Essas crenças reativas são radicais, generalizantes, fora do tempo dos acontecimentos e, portanto, descontextualizadas. Isso porque nasceram e pertencem a acontecimentos antigos. Têm a utilidade de nos proteger, de nos defender de situações semelhantes no presente. Mas, embora a defesa seja boa, porque nos torna mais cautelosos, ela nos restringe e limita nossos movimentos, fortalecendo nossos bloqueios para agir. Enquanto isso acontece, ficamos mergulhados na insatisfação paralisante ou em uma reclamação que nos exaure, como se reclamar promovesse modificações efetivas.

Assim, sabemos de que precisamos para sair do lugar... Mas parece que não temos força de vontade para seguir. Parece que falta algo ou pensamos que alguém deveria suprir o que falta, para que nós finalmente pudéssemos andar. Porém, por mais incrível que possa parecer, é justamente a falta que nos move. Se fôssemos completos, se nada nos faltasse, não precisaríamos sair do lugar. A falta nos chama, nos convoca a providenciar novos movimentos. Então, se a falta é justamente o que nos faz agir, não é ela que nos impede de prosseguir.

Em vez de considerar que algo nos falta para agirmos, não seria sensato pensar que estamos presos e não podemos andar? Presos em nossas próprias crenças ideais? Ou seja, não dá para a vontade se manifestar e irmos em frente porque andar é trair nossa crença ideal. Andar nos obrigaria a sair desse lugar a que estamos habituados e em que nos reconhecemos tanto. Precisamos de muita força para renunciar a essas crenças para poder soltar as amarras de tudo o que nos liga a elas, tais como: hábitos, jeitos de ser, relações... Porém, somente quando cansamos, quando nosso incômodo alcança o limite do insuportável (e, muitas vezes, isso se dá quando adoecemos) é que nossas crenças encontram a possibilidade de se modificar ou, pelo menos, de ser postas em questão. Simplesmente porque, afinal, olhamos para elas em vez de apenas sustentá-las, confirmá-las distraidamente.

Nosso convite agora é para que você olhe para elas, compreensivamente, e que nesse reconhecimento de suas crenças você possa afrouxar um pouco a sua ligação com elas a fim de retomar a força de vontade e olhar para aquilo que o rodeia de modo mais livre. Quem sabe assim, a partir de suas crenças ideais e de suas crenças reativas você não possa encontrar crenças reais? Verdades que o fortaleçam para que possa lidar com o que acontece aqui e agora? Assim, será possível retomar o caminho da leveza, que nada mais é do que concordar com a vida tal como ela é.

Emmanuel escreveu uma página cujo título é convidativo: "Tais quais somos". Há um trecho no qual ele se refere à força que nossa vontade pode empreender para que iniciemos nossa renovação espiritual a partir da aceitação de quem somos. Ele diz assim:

> Errados ou inibidos, deficientes ou ignorantes, rebeldes ou faltosos, é necessário aceitar a nós mesmos, tais quais somos, sem acalentar ilusões a nosso respeito, mas conscientes de que a nossa recuperação, melhoria, educação e utilidade no bem dos semelhantes, na sustentação do bem de nós mesmos, podem principiar, desde hoje, se nós quisermos, porque é da Lei que a nossa vontade, intimamente livre, disponha de ensejos para renovar o destino, todos os dias.[89]

Assim, nossa vontade é uma faculdade que está ligada à aceitação de quem somos para que ela possa se apresentar do modo mais livre possível. Mas ainda que ela se mostre tímida no início de nossas ações, logo a seguir sua força começa a se expandir, progressivamente, pois a vontade se contagia do próprio movimento que o agir traz. Por isso, podemos nos surpreender conosco quando vemos que fizemos mais do que imaginávamos. E é assim que nossa vontade cresce, se fortalece e faz com que nos sintamos capazes de empreender muitas mudanças em nossas vidas. Ela é uma força realmente capaz de nos sustentar.

---

89. Emmanuel, Francisco C. Xavier [médium]. *Livro da esperança*. Uberaba: CEC, 2012. [cap. 60]

NOSSA VONTADE É
UMA FACULDADE
QUE ESTÁ LIGADA À
ACEITAÇÃO DE QUEM
SOMOS PARA QUE ELA
POSSA SE APRESENTAR
DO MODO MAIS LIVRE
POSSÍVEL. MAS AINDA
QUE ELA SE MOSTRE
TÍMIDA NO INÍCIO DE
NOSSAS AÇÕES, LOGO
A SEGUIR SUA FORÇA
COMEÇA A SE EXPANDIR,
PROGRESSIVAMENTE,

Pois a vontade se contagia do próprio movimento que o agir traz. É assim que nossa vontade cresce, se fortalece e faz com que nos sintamos capazes de empreender muitas mudanças em nossas vidas. Ela é uma força realmente capaz de nos sustentar.

FINALIDADE DO SOFRIMENTO

"O homem pode suavizar ou aumentar o amargor de suas provas, conforme o modo por que encare a vida terrena."
ALLAN KARDEC

O Evangelho segundo o espiritismo. Allan Kardec. Brasília: FEB, 2018. [cap. V, item 13]

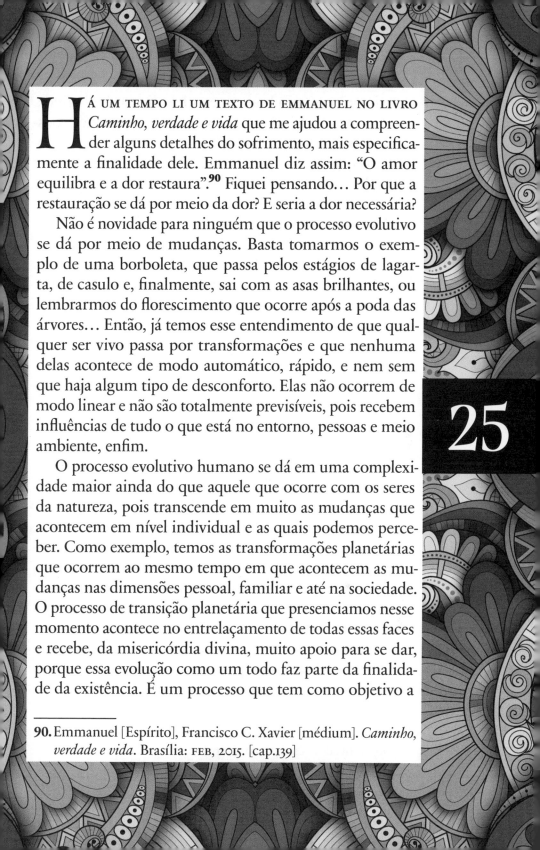

Há um tempo li um texto de Emmanuel no livro *Caminho, verdade e vida* que me ajudou a compreender alguns detalhes do sofrimento, mais especificamente a finalidade dele. Emmanuel diz assim: "O amor equilibra e a dor restaura".[90] Fiquei pensando... Por que a restauração se dá por meio da dor? E seria a dor necessária?

Não é novidade para ninguém que o processo evolutivo se dá por meio de mudanças. Basta tomarmos o exemplo de uma borboleta, que passa pelos estágios de lagarta, de casulo e, finalmente, sai com as asas brilhantes, ou lembrarmos do florescimento que ocorre após a poda das árvores... Então, já temos esse entendimento de que qualquer ser vivo passa por transformações e que nenhuma delas acontece de modo automático, rápido, e nem sem que haja algum tipo de desconforto. Elas não ocorrem de modo linear e não são totalmente previsíveis, pois recebem influências de tudo o que está no entorno, pessoas e meio ambiente, enfim.

O processo evolutivo humano se dá em uma complexidade maior ainda do que aquele que ocorre com os seres da natureza, pois transcende em muito as mudanças que acontecem em nível individual e as quais podemos perceber. Como exemplo, temos as transformações planetárias que ocorrem ao mesmo tempo em que acontecem as mudanças nas dimensões pessoal, familiar e até na sociedade. O processo de transição planetária que presenciamos nesse momento acontece no entrelaçamento de todas essas faces e recebe, da misericórdia divina, muito apoio para se dar, porque essa evolução como um todo faz parte da finalidade da existência. É um processo que tem como objetivo a

---

90. Emmanuel [Espírito], Francisco C. Xavier [médium]. *Caminho, verdade e vida*. Brasília: FEB, 2015. [cap.139]

aproximação entre o homem e as leis divinas, pois ainda não a compreendemos como algo inerente, que nos constitui a existência. Parece que elas são externas a nós, como se a lei do progresso não nos regesse, por exemplo. Mas o Criador é incansável em nos oferecer recursos que nos auxiliem, em nosso crescimento, na direção da evolução.

No entanto, por que será que mesmo sabendo que essas transformações necessárias não são automáticas, rápidas e nem ocorrem ao sabor dos desejos, elas nos trazem, ainda, sofrimento? Creio que o impacto que as mudanças causam está na razão direta de nossa resistência em permitir que as transformações aconteçam. Quanto mais resistência, mais sofrimento. Isso mesmo. Se não houvesse tanta resistência de nossa parte não haveria tanto sofrimento. Pelo menos, não seria sofrimento do modo como entendemos. E resistimos em acolher o que se apresenta para nós porque temos dificuldade de visualizar a finalidade, o para onde apontam os desdobramentos do que estamos vivendo. Resistimos também porque o real contraria todas as nossas idealizações.

Joanna de Ângelis[91] explica que há três modos de oferecermos resistência à realidade da vida e que nos fazem sofrer com frequência: o *sofrimento por condicionamento*, que se refere a quando estamos ainda presos a condicionamentos psicológicos advindos de nossas histórias de vida, seja da infância da reencarnação atual, seja de alguma outra reencarnação anterior a esta; *o sofrimento pela impermanência*, que diz respeito a resistirmos à realidade de que tudo é impermanente na existência humana. Talvez esta seja a questão mais difícil com que temos de lidar, pois gostaríamos que as pessoas fossem constantes, que os afetos fossem

---

91. Joanna de Ângelis [Espírito], Divaldo Franco [médium]. *Plenitude*. Salvador: LEAL, 2002. [cap. II]

permanentes, que as instituições fossem seguras, estáveis; porém, não é assim que a vida terrena acontece. Se nem o nosso humor, que julgamos tão nosso território, é permanente, imagine todo o restante? Mas, na verdade, sofremos porque queremos tudo muito controlado, do nosso jeito. Às vezes, torna-se insuportável termos que cuidar de tantas imprevisibilidades e acompanhar tanta fugacidade que a vida apresenta.

A autora ainda aponta um terceiro tipo de resistência, que é o *sofrimento pelo sofrimento*, que é quando sofremos porque estamos sofrendo. Parece redundante isso, porém a situação é geradora de muita dor para nós. Ela acontece todas as vezes em que não aceitamos que o sofrimento esteja aqui, presente em nossa vida agora, nem antes nem depois. Então, esse estágio evolutivo no qual nos encontramos abre espaço para a presença dessas três dimensões de sofrimento. Em que pode ser útil o conhecimento dessas dimensões? Se pudermos identificar onde nos encontramos, podemos ganhar um pequeno espaço entre nós e nosso sofrimento para poder cuidar de nós mesmos. E é em *O Evangelho segundo o espiritismo* que vamos nos apoiar para aprofundar essa questão, no capítulo V, que versa sobre o sofrimento.

Os Espíritos afirmam que onde julgamos ver o mal pode estar presente toda a sabedoria divina.[92] Isso significa que sofrimento tem a ver com o nosso olhar, com o entendimento, com o modo como encaramos nossas existências. Se, nesse olhar, julgamos que o que está acontecendo é um enorme mal, para os Espíritos podemos estar com dificuldade de perceber, mais amplamente, para onde se dirige

---

92. Allan Kardec. *O Evangelho segundo o espiritismo*. Brasília: FEB, 2018. [cap. V, item 21]

tudo aquilo que nos parece tão terrível. Se tivéssemos uma visão de alcance e pudéssemos ver mais adiante, talvez aquilo que entendemos como um mal poderia se transformar em um grande bem.

Imagine um exemplo bem simples. Para uma criança pequena, ter que tomar uma injeção é um grande mal. Se ela tivesse condições de entender que essa injeção é um medicamento capaz de ajudá-la a debelar uma infecção e, assim, impedir que ela perca a vida, por exemplo, ela poderia entender essa aplicação da injeção que traz desconforto, que dói, como uma coisa boa para ela. Mas a visão curta, inexperiente que uma criança tem a impede de alcançar a finalidade desse "mal", fazendo-a sofrer, a considerar que os pais são maus e a pensar que é melhor nunca mais ir ao médico. Então, talvez, o Criador nos veja exatamente assim, como crianças com medo, revoltadas com o medicamento. É exatamente desse modo que lidamos com os obstáculos da vida. Ainda resistimos, acreditando que somos vítimas das circunstâncias. Se pudéssemos lidar com os obstáculos da vida como oportunidades necessárias ao nosso crescimento, talvez nem os considerássemos geradores de sofrimento. Com isso, queremos dizer que tudo é uma questão de perspectiva.

Na perspectiva espiritual, a finalidade do sofrimento é a elevação da alma, a transformação da alma. Podemos passar por essa transformação de muitas maneiras. Pode acontecer de vivermos essas mudanças de um modo pesado e inútil porque nem todo sofrimento é útil. É por isso que a finalidade do sofrimento – o amadurecimento – só se dá quando lidamos com ele de um modo melhor. Quando lidamos com o sofrimento mergulhados na resistência, na revolta, na queixa, vivemos o que os Espíritos chamam de "mal sofrer", que não serve para nada. Mal sofrer é atravessar as adversidades sem tirar nenhum proveito.

Já o "bem sofrer" seria o contrário. Quando diante do que é tão difícil cremos que há um motivo para além de nossa compreensão para esse sofrimento, mesmo que ainda não saibamos qual, nos permitimos encontrar um lugar diferente em nossa alma para atravessar as tempestades da existência. E seguimos sem nos queixar, sem gastar energia com o que não nos eleva. No final da experiência, podemos até nos perceber melhores do que estávamos, muito maiores do que éramos antes, e podemos identificar alguma transformação em nosso modo de ser, em nosso modo de tratar a nós mesmos, a nossa história, os outros e o mundo de um modo geral.

Isso não quer dizer que temos que passar pela dor para que possamos crescer. Também crescemos no amor! Porém, a dor se apresenta todas as vezes que estamos em uma experiência à qual ainda oferecemos alguma resistência, desconectados de sua finalidade naquele momento. E resistimos, sofremos, sentimos dor... E dói porque a inconformação não permite o fluir da vida. Resistências criam bloqueios de energia, quistos na alma. Para que uma experiência difícil possa ser proveitosa é preciso, antes de tudo, deixar de resistir.

É por isso que Emmanuel diz que a dor restaura. É porque a dor nos convoca. As dores da existência nos retiram da distração e da desconexão da finalidade da vida. No nosso estágio evolutivo, a dor é um caminho para que o homem restabeleça a conexão com a vida espiritual. A dor restaura porque nos aproxima das leis divinas que trazem equilíbrio para nossas vidas. Ainda não conhecemos o exercício do amor pleno para que a dor esteja totalmente fora de presença. Então, é por isso que Emmanuel diz que o amor equilibra, mas a dor é que restaura. A dor vai restaurando, transformando nossas almas.

Vejamos: no amor tudo cabe, tudo tem lugar; está tudo certo como deve ser porque o amor de Deus é soberano e universal. Mesmo que não entendamos para onde tudo isso se dirige, podemos inicialmente confiar. Esse é um passo importante. Confiar que, se está aqui em nossa vida, é porque já podemos e precisamos cuidar. Do ponto de vista espiritual, tudo isso tem um sentido e uma razão de ser, e está para além de nossas condições racionais de entendimento.

Então, enquanto não conseguirmos entrar em conexão com o amor de modo permanente, a dor se apresentará como um caminho de retomada do rumo certo. Adoecemos não como punição, mas como consequência natural de quem se afasta do fluxo da vida que pode nos nutrir abundantemente. Então, precisamos da dor ainda, mesmo que ela seja indesejada.

Então, bem-vinda seja a dor que nos reabilita, que nos restaura hoje para que um dia possamos, naturalmente, nos equilibrar no amor e por amor.

Enquanto não conseguirmos entrar em conexão com o amor de modo permanente, a dor se apresentará como um caminho de retomada do rumo certo. Bem-vinda seja a dor que nos reabilita, que nos restaura hoje para que um dia possamos nos equilibrar no amor e por amor.

MATERNIDADE E DESAPEGO

"Os laços do sangue não estabelecem necessariamente vínculos entre os Espíritos."

ALLAN KARDEC

O Evangelho segundo o espiritismo. Allan Kardec. Brasília: FEB, 2018. [cap. XIV, item 8]

Quando estamos encarnados, tecemos junto com os outros os nossos lugares na família. Nascemos filhos de uns, netos de outros, irmãos de um ou vários e futuros pais ou mães de alguém... maridos, esposas, amigos... Enfim. Alguns lugares familiares – os consanguíneos – se instauram assim que chegamos ao ventre da mãe; mas os outros, construímos de acordo com nossas escolhas ao longo do tempo. Tanto em um caso como no outro há um longo e constante trabalho de sustentação desses relacionamentos para que se mantenham nutridores para os outros e nutrientes para nós.

Nossos papéis são constituídos na convivência uns com os outros. Não nascemos preparados para ser filhos nem pais. À medida que a vida caminha, construímos esses laços, e na vivência deles, damos a eles contorno, consistência e espaço. Quando alguém casa ou vai morar longe, acontece uma modificação na maneira como esses papéis circulam. Intensifica-se ou ameniza-se a sua influência, requerendo de cada um de nós uma reconfiguração, acordos, modificações contínuas dos modos de vivermos uns com os outros.

Mas e quando um filho desencarna?

Como é continuar a ser mãe de um filho que já não transita em nossa casa nem solicita a nossa presença? O que é ser mãe nessa condição de Espíritos imortais que somos e de sabedores de que a vida continua?

Seria de estranhar que, depois de tanto investimento espiritual e afetivo, a tarefa materna desaparecesse porque o filho morreu. Será que se transformariam esses filhos desencarnados em filhos adotivos, então? Adotados na pátria espiritual por outras mães? Não sei, não... Tenho cá minhas dúvidas ou ciúmes. É provável que a espiritualidade maior esteja à espera de que os corações maternos encarnados se recuperem para continuar na colaboração educativa desses Espíritos que foram confiados à nossa guarda durante a reencarnação.[93] Enquanto isso, esses filhos talvez sejam tutelados por Espíritos amorosos e acolhedores na transição tão dolorosa para todos. Se assim for, penso que há um trabalho que precisa ser feito para que a força da vida possa fluir e possamos, conscientes de que somos seres espirituais, continuar no aprendizado do amor.

Ser espíritas não nos retira da grande transição que se dá em ambas as esferas da vida. A diferença é que ser sabedor da imortalidade que nos constitui impede a presença do desespero e favorece a concordância com os caminhos de Deus. Para os que desencarnaram, uma nova realidade se descortina, seja para confirmar o aprendizado anterior, seja para ampliar conhecimentos. Porém, toda essa transição acontece em clima de saudade e tristeza, que são indispensáveis para que novas portas de nossas almas possam se abrir.

Esse trabalho de reabilitação que se dá com ambos se constitui de muitas etapas. São movimentos muito particulares que cada história de vida conta. De um modo geral, para quem fica encarnado, inicia-se o processo de dar lugar aos sentimentos que se encontram desordenados e antagônicos. Há uma sensação de que a dor da perda não passará nunca, e a saudade de quem fomos um dia se torna muito presente. Aparece uma certa pressa para que tudo volte ao normal, para que a rotina se estabeleça novamente. Por isso é que lugares, objetos, tomam tanta importância nesses momentos, pois eles são como rastros que ficam para contar que aquela relação existiu e foi real. Por vezes,

---

93. Allan Kardec. *O Evangelho segundo o espiritismo*. Brasília: FEB, 2018. [cap. XIV, item 9, § 5]

parece que tudo não passou de um pesadelo e que a vida dali a pouco voltará a ser o que sempre foi. Não é difícil imaginar que a oscilação emocional é algo que se torna quase que permanente. É preciso um grande esforço para redescobrir novos sentidos para o viver sem a presença de nossos queridos. É, de certo modo, retirá-los de nosso futuro, e essa subtração às vezes é sentida como uma traição afetiva. Por isso é que muitas vezes nos sentimos confusos, divididos ou até paralisados. Parte de nós começa a se dirigir para novos movimentos na vida, pois, afinal, tudo continua e nos convoca a seguir. Porém, há uma outra parte de nós que ainda não considera legítimo prosseguir sem nossos amores. Depois de algumas lutas interiores, é provável que a vida se imponha e nos leve junto com ela a dar passos a favor de sua continuidade. O passo decisivo para a retomada do fluxo da vida, portanto, é a compaixão. Compaixão por nós, pelo outro e pela fragilidade da vida.

Para quem desencarnou, a desestabilização também é grande, pois começa um longo caminho de readaptar-se a viver sem corpo biológico e a concordar com que aquela vida corpórea cessou. Também eles sentem profunda solidão e, por vezes, acompanhada de remorsos e tristeza profunda. Por isso é tão necessário que haja preces de todo lado. Todo o acolhimento a que estavam acostumados desaparece, dando lugar a novas relações que ainda não se constituem de confiança plena. Não há nenhuma rotina conhecida que os convoque a se distrair de seus próprios pensamentos nem muito menos solicitações da vida corpórea. Nossa, como o corpo faz falta nessas horas! Mas nada disso acontece sem amparo espiritual. São processos necessários, mas não solitários.

A perda de um filho significa a perda de um lugar também. Porém, "perda" aqui assume o sentido de não mais ser do modo como era antes para se tornar um modo que ainda não sabemos como é. Ocorre então uma desidentificação de como ser mãe se dava, para dar lugar a um novo modo materno de ser junto de seu filho. Somos Espíritos imortais... filhos e mães... Como nossa relação será dali em diante? Como será que é para o filho, agora desencarnado, ser ainda cuidado por sua mãe que se encontra em outra dimensão?

Faço, aqui, uma pausa para que você possa imaginar o mesmo fenômeno quando em nossas vidas acontecem perdas de outras naturezas. Perda de um cargo importante em uma empresa, aposentadoria, fracasso em um âmbito qualquer, término de um relacionamento... São lutos também. São experiências que pedem de nós uma profunda modificação de nosso modo de estar junto ao mundo, junto aos outros, junto a si mesmo. Construímos identidades como se elas tivessem sido feitas para sempre. Por exemplo, pensamos assim: "Sou professor, e pronto!" "Sou marido de fulana, e pronto!" Sou o gerente do banco tal, e pronto!" Pois, então... É desse "para sempre" que precisamos cuidar. Nada é para sempre. Nenhuma identidade é para sempre, seja aqui na Terra, seja no plano espiritual. Todas são passíveis de modificação porque, apesar de sermos Espíritos eternos, estamos aqui neste planeta vivendo uma existência corpórea finita. A condição primeira do reencarnante é a de que reencarnar se dá em um estado de impermanência e provisoriedade incrível. Ser mortal é o que possibilita transformações em nível material ou espiritual. Se vivêssemos uma vida corpórea infinita não haveria crescimento espiritual, pois não exercitaríamos a liberdade. É o tempo finito que nos leva a tomar decisões. Se o tempo fosse eterno, não haveria necessidade de tomar decisões. Não teríamos nenhuma dúvida, pois poderíamos viver todas as possibilidades e não precisaríamos fazer escolhas. Poderíamos ser tudo, poderíamos ter tudo. Porém, nessas condições, não há chance de evoluir e, por isso, reencarnamos sob a condição da finitude. A vida biológica oferece recurso de emancipação espiritual porque ela declina. Se tivéssemos a mesma vitalidade corpórea na velhice, nossa alma não se dirigiria para interesses de ordem espiritual. E se ficássemos eternamente no mundo espiritual, sem habitar a vida material, como aprender o desapego? Como aprender a amar de modo livre? Então, faz parte de nosso processo evolutivo a passagem pela vida corporal, sim. E a finalidade dessa passagem é oferecer o máximo de experiências ricas em aprendizado. E, talvez, o mais difícil para nós seja o aprendizado da liberdade, do desapego.

Torna-se, assim, uma enorme tarefa para ambos, encarnado e desencarnado, refazer suas identidades. Construir um novo modo de estar junto. Redescobrir como cuidar do filho que agora habita outras paisagens. Retomar a solicitude da mãe que ficou no mundo terreno junto de tantos outros queridos. Não há uma fórmula pronta, um jeito certo de ser e sentir. Penso que acontece um treino de afinação, de sintonia, como se aprendêssemos a usar um aparelho eletrônico novo de comunicação. Só que esse é feito de fibras da alma. Devagarinho, aqui e acolá, aprendemos a perceber o filho, e este aprende a se apresentar para a mãe. E pelo pensamento consciente e desperto, a mãe pode incentivar, lembrar seu filho de seus pontos frágeis e aconselhá-lo nesses momentos. Ela pode eleger um momento para esse diálogo fraterno, solidário e compreensivo e permitir que sua alma conselheira e compreensiva se expanda e envolva seu filho. Este, por sua vez, provavelmente deve tentar várias vezes se comunicar até encontrar um jeito de ser ouvido, atendido. E junto desses dois há tantos outros dois ou três ou mais na torcida, no envolvimento, em preces que são capazes de restaurar almas e oferecer esperança.

Quem sabe se nessa comunicação amorosa, de tantas tentativas, em que umas são exitosas e outras não, ambos possam estabelecer um novo acordo de comunicação? Possam se incentivar mutuamente a dar continuidade à vida que, na verdade, é uma só, aqui e lá, e tem como diferença o nível de percepção de cada um? Se nossos olhos forem bons de ver, ou seja, livres de julgamentos ou expectativas de modo que possam enxergar para além de nossas carências, talvez o nosso olhar possa "dar uma festa" quando o reencontro acontecer.

Diante dos entes desencarnados, se nossos olhos forem bons de ver, ou seja, livres de julgamentos ou expectativas de modo que possam enxergar para além de nossas carências, talvez o nosso olhar possa "dar uma festa" quando o reencontro acontecer.

COOPERAÇÃO

"Sois chamados a estar em contato com Espíritos de naturezas diferentes, de caracteres opostos: não choqueis a nenhum daqueles com quem estiverdes."
UM ESPÍRITO PROTETOR

O Evangelho segundo o espiritismo. Allan Kardec. Brasília: FEB, 2018. [cap. XVII, item 10]

Há um texto de Emmanuel no qual ele trata de um assunto muito importante. Diz respeito à maneira como convivemos com nossos irmãos encarnados aqui na Terra, seja onde for: no trabalho do bem, no lar, no trabalho profissional.[94]

Emmanuel começa com a seguinte citação de Paulo de Tarso: "Nós, porém, não recebemos o espírito do mundo, mas o espírito que provém de Deus"[95] para acentuar a ideia de que, sendo nossa essência de ordem espiritual e não material, podemos olhar para a nossa vida, para os nossos relacionamentos, de uma outra perspectiva. Quando nos lembramos de que somos Espíritos com vida eterna, filhos de Deus, a finalidade de nossa existência se mostra completamente diferente do que se nossa vida se esgotasse aqui, na vida física, enquanto encarnados.

Porém, é justamente porque vivemos encarnados aqui, no mundo, que podemos sentir os sobressaltos de tudo o que diz respeito a vivermos em um planeta de provas e expiações. No estágio em que nos encontramos, somos mais suscetíveis às ideias de caráter negativo, mais pessimistas, vindas do ceticismo, que sugerem apego à vida material, apego à vida que se esgota com a morte do corpo. No entanto, também somos sensíveis à ideia de que a vida continua. Portanto, vivemos o desafio de sentir esse arrastamento, de ser seduzidos pelos apelos da vida material e a possibilidade de nos compreendermos como Espíritos imortais que somos. Na verdade, levamos conosco as experiências das muitas existências anteriores a esta e

---

94. Emmanuel [Espírito], Francisco C. Xavier [médium]. *Vinha de luz*. Brasília: FEB, 2015. [cap. 106]
95. João F. Almeida (trad.). *Bíblia sagrada*. São Paulo: SBB, 2008. [*I Coríntios* 2:12]

destinadas a muitas outras que ainda estão por vir. Não é novo, para nós, o desejo de nos deixar levar pela concretude e por valores a que a vida física nos convoca e provoca. Entender a nós mesmos como Espíritos eternos, com muitas experiências vividas e outras ainda para chegar, para viver, e, ao mesmo tempo, nos conscientizar de que estamos aqui de passagem, por um momento, sem apego mas com apreço, é exatamente essa justa medida com que Paulo de Tarso se refere ao homem – aquele cujo Espírito provém de Deus.

Assim, ser um Espírito que provém de Deus é tomar-se como aquele que transitoriamente experimenta uma vida carnal, sendo a finalidade dessa vida transitória, impermanente, o seu desenvolvimento, o seu crescimento espiritual. Estamos aqui de passagem, como se estivéssemos apenas em uma estação de trem durante o tempo necessário.

Então, ao compreendermos que estamos encarnados em um campo de trabalho, não podemos nos esquecer de que, na verdade, esse campo de trabalho é do Senhor, ou seja, estamos sempre a serviço de algo maior, de algo que nos transcende, que está para além de nossos desejos. Ao nos mantermos nesse entendimento, ao estarmos diante de conflitos relacionais, adversidades do trabalho do bem ou até mesmo do trabalho profissional, se considerarmos que onde quer que estejamos estamos a serviço de algo que nos transcende, podemos relativizar as nossas dificuldades. Isso significa entender que aquele momento difícil com um determinado companheiro de vida – seja no casamento, seja no lar, seja no ambiente de trabalho – é mais uma aula nessa grande escola que é a vida. Podemos nos considerar como mensageiros de Cristo, e do amor, naquela circunstância; aquele que está a serviço de algo maior. Desse modo, como é que podemos servir melhor? E se esse servir atende ao nosso crescimento e ao dos outros, que aprendizados somos convidados a conquistar?

Por isso é que o texto de Emmanuel tem como título "Como cooperas", ou seja, como é que cooperamos com essa obra de desenvolvimento, de crescimento, de evolução espiritual na qual nos situamos? O autor, desse modo, nos convida a pensar no assunto, pois nenhum de nós está situado onde está à revelia de si mesmo. Ou seja, estamos onde escolhemos permanecer. Se permanecemos aqui, neste lugar, com estas pessoas, temos participação nessa configuração e, portanto, temos uma responsabilidade de ação para a melhoria de cada um que faz parte dela além de nós mesmos. Podemos estar no supermercado, ou em uma condução, mas onde quer que estejamos somos mensageiros de Cristo. Como é que nos relacionamos? Que marca deixamos nesses relacionamentos? Como é nossa maneira de nos expressar? Contribuímos para o crescimento daqueles com os quais convivemos? Nossas palavras nos identificam como sendo mensageiros da Boa Nova com aquele que está ali, junto de nós, compartilhando o mesmo espaço?

Assim, quando nos colocamos a serviço de algo maior, de algo que nos transcende, podemos abrir mão do apego à imagem que temos de nós mesmos. Quando preocupados com o que vão pensar a nosso respeito, quando ficamos muito desejosos em ter a última palavra, em ser donos da verdade, em ser aquele que está certo, com a razão, entramos em competição pelo lugar do vencedor. Essa posição difere frontalmente do convite que Emmanuel nos faz à cooperação. Nesta, estamos interessados em unir, incluir, dar lugar. Ela diz respeito à vontade sincera de que o crescimento aconteça para todos. E não porque seja bonito ou certo. Mas sim porque não existe crescimento sozinho. Se nos considerarmos melhores do que alguém e ainda nos vangloriarmos disso, ainda estaremos longe de compreender o que é ser filho de Deus. Na obra divina, tudo se dá em conjunto, em clima de cooperação e solidariedade. Fora dessa lei, a destruição é uma questão de tempo. Quando nos afinamos a essa tonalidade, essa atmosfera, estamos, como diz Paulo de Tarso, dentro do espírito do mundo, preocupados com resultados imediatos e individuais.

Quando compreendemos, finalmente, a realidade de que nosso Espírito vem de Deus, ou seja, que estamos aqui de passagem, ligados inexoravelmente uns aos outros e à finalidade de algo que transcende a nossa existência corpórea, estamos próximos de nos entender como seres universais. Assim, o que acontece com o outro pode não nos determinar; no entanto, nos toca. E vice-versa. Essa é a lei que rege o mundo dos Espíritos. São as leis divinas, que se expressam como leis da igualdade, da sociedade, do progresso...[96]

Uma outra compreensão que decorre de nos entendermos como Espíritos imortais que provêm de Deus é que somos constituídos de várias faces transitórias em processo de amadurecimento. Dessa maneira, qualquer coisa que digam a nosso respeito é apenas uma imagem transitória que alguém tem de nós. Portanto, quando outros nos classificam como culpados, inocentes, algozes ou vítimas, na verdade não veem a totalidade de quem somos. Esses posicionamentos são apenas lugares que podemos ocupar no mundo, como se fossem cadeiras, por exemplo. Podemos ocupar a cadeira da vítima, a cadeira do culpado, podemos ocupar a cadeira do certo, do errado... A questão é: queremos continuar ocupando determinada cadeira? Queremos ficar agarrados e presos a essa cadeira? Essa decisão é muito

---

[96]. Ver: Allan Kardec, *O livro dos Espíritos*, terceira parte, "Das leis morais".

importante porque somos Espíritos livres. Nascemos simples e ignorantes, sem determinações prévias a respeito de quem seremos, mas dotados de livre arbítrio. Guardamos em nossas almas a marca de sermos filhos de Deus, ou seja, de sermos destinados à evolução espiritual. Portanto, não há nenhuma predestinação em ser isso ou aquilo. Em cada encarnação, mudamos muito de cadeiras, mostrando várias possibilidades nossas, sem que nenhuma delas, isoladamente, defina quem somos.

O espiritismo nos mostra que nosso caráter e nossa essência se constroem, se constituem, à medida que convivemos, que nos relacionamos uns com os outros, e que ocupamos as diversas cadeiras do mundo junto com os outros. Podemos ficar fixados em uma determinada cadeira, e, mesmo que as circunstâncias mudem, temos a liberdade de nos manter nela. É interessante notar que queremos tanto que os outros se modifiquem, que mudem de cadeira, se transformem, mas que esse querer muitas vezes ainda não se mostra forte em nós a ponto de sentirmos necessidade de mudar de lugar.

É importante compreendermos que nenhum de nós é algoz para sempre, vítima para sempre, certo para sempre, errado para sempre, pois sermos Espíritos que provêm de Deus significa que temos ausentes os rótulos imutáveis. E podemos pensar, então, o que faz com que ocupemos esse lugar, o que nos faz manter essas identidades. Assim, se são cadeiras, podemos nos esforçar para mudar de lugar. O exercício de desapego passa pela reflexão e pela descoberta do que nos prende a essas identidades e do que é que poderia nos libertar do arrastamento em ocuparmos sempre o mesmo lugar nas relações. Esse seria o passo mais profundo na reflexão sobre como cooperamos na seara divina.

Conscientizarmo-nos de que somos Espíritos e que todos proviemos de Deus implica, para cada um de nós, um esforço no exercício do desapego para o nosso bem e o dos demais. Em nossas relações com nossos companheiros de jornada, nos desapegarmos de nossa imagem, de nossos modos viciados, faz com que possamos caminhar de modo mais livre e, portanto, cooperativo com a obra do Senhor. Cada um de nós pode fazer esse exercício de crescimento. Cada um de nós, se assim nos dispusermos a começar, pode se dedicar a isso em situações mais simples e cotidianas.

Retomamos aqui o texto de Emanuel, para finalizar nossas reflexões:

> Lembremo-nos de que há serviço divino dentro de nós e fora de nós. A favor de nossa própria redenção, é justo indagar se estamos cooperando com o Espírito inferior que nos dominava até ontem ou se já nos afeiçoamos ao Espírito renovador do eterno Pai.[97]

---

97. Emmanuel [Espírito], Francisco C. Xavier [médium]. *Op. cit. Loc. cit.*

EM NOSSAS RELAÇÕES COM NOSSOS COMPANHEIROS DE JORNADA, NOS DESAPEGARMOS DE NOSSA IMAGEM, E NOSSOS MODOS VICIADOS, FAZ COM QUE POSSAMOS CAMINHAR DE MODO MAIS LIVRE E, PORTANTO, COOPERATIVO COM A OBRA DO SENHOR.

CULPA

"Não nos detenhamos na culpa. Usemos a caridade recíproca, e, com a liberdade relativa de que dispomos ser-nos-á então possível edificar, com Jesus, o nosso iluminado amanhã."

EMMANUEL

Nós. Emmanuel [Espírito], Francisco C. Xavier [médium]. São Paulo: GEEM, 1986.

Vez por outra o sentimento de culpa aparece em nossas vidas. Seja quando nos sentimos culpados, seja quando culpamos os outros por sofrimentos que tenham nos causado. Apesar desse estado da alma nos perturbar tanto e não contribuir favoravelmente para nossa transformação, é preciso também perceber que a culpa traz a mensagem de que gostaríamos de ser melhores do que fomos. E isso indica nosso impulso profundo de sermos essencialmente dirigidos para a perfeição. A culpa também nos lembra o quanto não somos determinados pelo destino, pois se assim fosse não haveria a possibilidade de deslizarmos no processo de conquista de nossos propósitos.

Hoje, muito se tem visto nos telejornais notícias difíceis acerca dos comportamentos de nossos governantes, em todas as áreas. São tantos exemplos de corrupção e, por vezes, tão absurdos, que nossos ouvidos já nem se assustam mais. Estamos mesmo atravessando um grande processo de transição planetária rumo à regeneração, como nos afirmam os Espíritos protetores,[98] e nossa luta é a de nos mantermos em equilíbrio até a tempestade passar e a transformação moral se mostrar como um todo. Mas, enquanto isso, o que podemos fazer diante de acontecimentos tão grandiosos, tão absurdos, tão intensos? Podemos examinar nossas ações cotidianas, pois o que hoje tomou proporções tão grandes, começou pequeno... Começou nas pequenas concessões das quais só conseguimos ver o tamanho hoje porque se tornaram escândalos. Toda ação humana tem consequências e, mesmo na omissão, que também é uma ação, a consequência é inevitável. Isso quer dizer que não agir não é possível para nós. Somos, irremediavelmente,

---

[98]. Manoel Philomeno de Miranda [Espírito], Divaldo Franco [médium]. *Transição planetária*. Salvador: LEAL, 2010.

corresponsáveis pelo modo como nossa vida é, pois escrevemos, junto com os outros, a nossa biografia, nossa história reencarnatória.

A filósofa alemã Hannah Arendt afirma que nossos atos são, ao mesmo tempo, imprevisíveis e irreversíveis.[99] São imprevisíveis porque, embora possamos planejar nossos passos, não sabemos e nem podemos controlar a repercussão destes nas pessoas que nos cercam. Por exemplo, se resolvermos falar para as pessoas o que pensamos, nem sempre seremos bem compreendidos. Pode acontecer até de sermos vistos como exagerados, dramáticos, ou ofendermos alguém sem querer. Outras vezes, podemos tocar alguém muito forte com nossa palavra e, assim, mudar positivamente uma vida sem nos dar conta disso. Perceber essa imprevisibilidade pode nos assustar e até nos convocar para uma paralisação, ou nos ajudar a cuidar mais de nossos atos.

Além disso, são irreversíveis os atos humanos porque cada segundo de nossa vida jamais volta, e assim leva, no fluir dela, cada gesto nosso. Não podemos fazer voltar o tempo e não agir como agimos. Isso nos torna, necessariamente, coautores de julgamentos alheios, pois nenhum julgamento surge do vazio, embora possa estar totalmente equivocado.

E a culpa pode aparecer justamente por nossa impossibilidade de parar de agir e de nossa ação ser imprevisível e irreversível. Porque, aos nossos olhos, sempre poderíamos ter agido de uma maneira diferente daquela que consideramos equivocada. Porque podemos nos entristecer ao ver os caminhos que nossa ação gerou. E, diante desses fatos, podemos nos sentir impotentes porque o tempo não volta

---

99. Hannah Arendt. *A condição humana*. Rio de Janeiro: Forense, 1999. [cap. V, item 33]

para agirmos de forma diferente. Muitas vezes, pensamos que se soubéssemos das consequências não teríamos agido desse ou daquele modo e torturamos nosso coração com inúmeros "e se..."

A doutrina espírita é muito clara acerca do fenômeno da culpa, alertando-nos para o "vigiai e orai" de Jesus e para a busca sincera do acerto de nossos passos, como os passos da mulher adúltera. Ninguém será eternamente culpado perante a misericórdia divina, pois isso vai de encontro aos princípios da evolução. Somos e estamos sempre na infinita escalada para o crescimento. Estacionar não é nossa meta, embora nos aconteça durante o percurso. Reparar, reconstruir: essas são as nossas tarefas que permitem aprendizado. Como também falhar: nossa sempre presente possibilidade, pois, como nos afirma Emmanuel, "cada um de nós permanece no lugar exato, a fim de realizar o melhor que pode".[100]

Dessa maneira, demorar-se na culpa promove quistos mentais de autoflagelo e de vitimação que não contribuem para a reparação da falta. Por isso, a cada ato culpável, temos a possibilidade do perdão e a abertura para a promessa. Perdão a si mesmo e àquele a quem ferimos ou por quem fomos feridos. Promessa diante de si e diante do outro em não repetir equívocos. Ou seja, podemos prometer, pelo menos, tentar fazer diferente ou de pensar mais antes de agir.

Assim, diante desses atos, podemos nos posicionar de três modos:

1. Podemos não perceber nossa responsabilidade e nos vitimar, nos revoltar ou nos manter alheios, culpando os outros ou o mundo pela situação;

---

[100]. Emmanuel [Espírito], Francisco C. Xavier [médium]. *Estude e viva*. Brasília: FEB, 2015. [cap. 18]

2. Podemos atribuir, somente a nós, a responsabilidade pelas consequências, fechando-nos em uma culpa sem saída (círculo vicioso);
3. Podemos perceber o âmbito de nossa ação e também a parcela de responsabilidade do outro, cuidando de nossa parte.

Para tais movimentos, o autoconhecimento[101] é a saída que a doutrina espírita nos oferece como campo de ajuste. Se não for assim, permaneceremos no círculo vicioso da culpa ou da ignorância peculiar a esses quadros emocionais. Esse olhar para si mesmo de modo sincero e, principalmente, na atmosfera da humildade é o que permite a paz retornar ao nosso coração, porque ele equilibra. Emmanuel enfatiza essa necessidade, afirmando que quando estamos culpados torna-se necessária a presença da "humildade viva"[102] para a conquista do equilíbrio vibratório. Mas o que seria uma humildade viva? Creio que se trata não da humildade teórica, apenas da fala, pois esta não produz modificações em nossas almas, mas sim da experiência da humildade quando estamos nesse autoexame. Esta última, além de se mostrar de modo vívido, nos vivifica. Ela se dá quando podemos fazer a viagem interior sem julgamento, ou seja, sem a soberba que nos faz justificar todos os atos, como também sem a autocomiseração que nos impede de identificar a real dimensão de nossas atitudes e suas consequências.

---

101. Allan Kardec. *O livro dos Espíritos*. Brasília: FEB, 2018. [questão 919]
102. Emmanuel, Francisco C. Xavier [médium]. *Pensamento e vida*. Brasília: FEB, 2015. [cap. 22]

Um outro viés da culpa que gostaríamos de abordar é aquele em que nos sentimos em falta conosco, mas não por um ato cometido. Podemos nos sentir culpados por ainda não ter sido quem podemos ser. É quando temos uma noção muito particular de que estamos aquém de nós mesmos, e que ainda nos falta seguir os nossos sonhos, as nossas promessas. Perceber isso pode nos fazer culpados porque parecemos ser devedores de nós mesmos. Como somos seres de possibilidades e sempre lançados a escolher indefinidamente, sempre haverá um caminho que não será trilhado em detrimento daquele escolhido. Por não podermos escolher todos os caminhos em uma única existência por esta se dar em um tempo finito, sempre teremos a sensação de que temos muito a realizar. Precisamos é nos pôr a caminho, como dizem os índios norte-americanos hopi, em sua oração: "Nós somos aqueles por quem estávamos esperando".

Sendo assim, se nos dispusermos a realizar nossos sonhos e o fizermos de modo pleno, com nossos sentimentos sintonizados aos pensamentos e às ações, a chance de nos sentirmos em paz conosco e de nada nos faltar é inevitável e possível.

"NÓS SOMOS AQUELES POR QUEM ESTÁVAMOS ESPERANDO."

MEDO

"Porque Deus não nos tem dado o espírito do medo, mas de fortaleza, de amor e de moderação."
PAULO

Bíblia sagrada. João F. Almeida (trad.). São Paulo: SBB, 2008. [*II Timóteo 1:7*]

Não é de hoje que o medo tem sido um tema recorrente em nosso cotidiano. É comum as pessoas afirmarem o quanto estão se sentindo inseguras, com medo do futuro e desejosas de buscar caminhos de segurança, que beiram o desespero por controle. Não é raro ouvirmos um depoimento de um amigo que esteve ou está atravessando um período de síndrome do pânico. Será que isso sempre ocorreu e não nos dávamos conta? Ou seria um sintoma próprio de nosso momento contemporâneo?

Antes de entrarmos no tema propriamente dito, precisamos fazer algumas diferenciações para compreender melhor esse tema. É que sentimos algumas coisas parecidas com o medo, mas que não são medo. Identificar exatamente o que nos acontece nos ajuda a saber como agir quando na presença do medo.

Em primeiro lugar, *medo não é angústia*. O medo tem uma característica muito importante: ele tem um foco, ou seja, medo é sempre medo *de algo*: medo de errar, medo de sofrer, medo de ser abandonado, medo de fracassar, medo de avião, medo do julgamento dos outros, medo de barata, medo de morrer e até medo do medo, nos casos nos quais ele contamina nosso espaço existencial. Há circunstâncias que nos parecem tão ameaçadoras que sentimos medo de sentir medo! Mas a angústia não é assim; ela é inespecífica. Sentimos algo diferente, mas não sabemos o que nos incomoda, e, por mais que procuremos não conseguimos encontrar a que ela se refere. Podemos até ter as mesmas sensações corpóreas provocadas pelo medo, como aperto no peito, por exemplo. Ainda assim, medo e angústia não são a mesma coisa. A angústia traz um sentimento de estranheza, um distanciamento do que nos é familiar. Um estado prolongado de angústia pode até se tornar medo, mas em uma intensidade maior e, nesse caso, chamamos

29

de pânico devido à sensação de morte iminente que surge. A angústia tem relação direta com a imprevisibilidade da vida, com nossa impossibilidade de controlar o fluxo do viver. Nesses estados da alma, agir se torna um esforço muito grande, pois nada faz sentido quando estamos na atmosfera da angústia.

Em segundo lugar, *medo não é ansiedade*. Por medo de algo, podemos entrar em estado de ansiedade, mas são estados de humor diferentes. A ansiedade é um clima que nos transporta para tudo aquilo que é do âmbito do "ainda não". É um sofrimento relativo àquilo que ainda não está aqui, que nos retira do presente, agita nossa alma, acelera o corpo, os pensamentos... Já o medo, ao contrário, pode nos paralisar, impedir o fluxo de pensamentos, retirar a força de agir. É possível que, em alguns casos, estejamos experimentando os dois ao mesmo tempo. Medo e ansiedade juntos fazem com que nossa alma queira correr e o corpo não tenha condições de sair do lugar, de tanta falta de energia. Nesses casos, a vitalidade está toda dirigida para a mente, em pensamentos circulares, ansiogênicos, provocando muito cansaço sem nem termos tirado os pés da cama.

Todos nós sentimos medo em algum momento de nossas vidas, e é muito importante que ele esteja presente, pois o medo é um *alerta*, um sinal de que temos de ir mais devagar, ser mais cautelosos, atentos. A presença do medo pode ser uma parada para refletirmos sobre nossas atitudes futuras, mas é preciso cuidado para que não façamos desse estado de alerta um motivo para desistência. Isso significa que o medo tem gradações, dependendo das experiências de cada um. Esses estados mais acentuados merecem uma atenção toda especial e, por isso, quando não conseguimos mais agir, torna-se necessária a ajuda profissional de um psicoterapeuta.

Vejamos agora as situações mais comuns em que podemos sentir medo:

1. TEMOS MEDO DO QUE DESEJAMOS

Quando desejamos muito alguma coisa, temos medo de não conseguir obtê-la. Se não desejássemos tanto, aquilo não teria tanta importância; logo, o medo não teria essa intensidade. Por exemplo: quando vamos fazer a prova para um concurso, podemos sentir medo de não passar. Esse medo de falhar tem o mesmo tamanho de nosso desejo de conseguir passar. Muitas vezes, a saída que nossa alma encontra diante disso é parar de desejar, para que o medo não se presentifique. Porém, isso também não nos ajuda muito, pois não querer nada para o próprio futuro é escolher viver restrito ao que aparece, sem direção específica. Se nos mantemos assim, pouco sabor as conquistas apresentam, pois não chegaram por meio de nossos projetos, nem alcançaram a profundidade que poderiam.

2. DESEJAMOS AQUILO DE QUE TEMOS MEDO

Nesse caso, desejamos algo e nossas falas e ações afirmam o contrário. São modos defensivos que estão estruturados no medo de sofrer. São as famosas racionalizações que aparecem na fábula da raposa e das uvas verdes. Por exemplo: temos medo de nos relacionar afetivamente porque temos medo de repetir sofrimentos pelos quais já passamos nessa área de nossas vidas. Passamos a dizer por aí que é melhor ficar sozinhos, que dá menos problema, que não precisamos de relacionamentos, que amar atrapalha, enfim... E tomamos várias atitudes para impedir que o amor aconteça a fim de que não haja chance de o sofrimento chegar. E o medo de sofrer é tanto que não percebemos o quanto desejamos que o amor aconteça, até que, continuando assim, um certo equilíbrio vem, porque nosso desejo não aparece. O medo prevalece tanto sobre nossos desejos que, aos nossos olhos, tem aparência de decisão.

3. TEMOS MEDO DE NOS ARRISCAR E FRACASSAR

Temos medo do risco porque preferimos transitar em meio àquilo que é familiar, dizemos que em "time que está ganhando não se mexe" (até ele perder!). Ou seja, alimentamos a ilusão de que controlamos o que é conhecido, não abrindo espaço para o risco, para a aventura, como se as coisas fossem estáveis eternamente. Parece que se ficarmos paradinhos no mesmo lugar, nada abalará nossa segurança, como se a vida não tivesse imprevistos e como se todas as pessoas à nossa volta tivessem feito a mesma escolha que nós e estivessem paradas também. Mantendo o risco fora de nossas atitudes, não percebemos que nossa vida empobrece. Mantendo-nos no controle, não percebemos o quanto nossa vida se torna tediosa, com poucos frutos! Um bom exemplo disso é o que acontece na parábola dos talentos: "[...] e tendo medo, escondi na terra o teu talento".[103] A parábola mostra que o medo de errar não foi suficiente para que o Senhor mudasse de atitude para com o servidor. E o incrível é que quanto mais nos escondemos para não errar, mais enfraquecidos nos tornamos para enfrentar as adversidades da vida.

4. MEDO E CORAGEM

Quando estamos diante de um desafio, precisamos de força para enfrentar o medo de sucumbir. Esses momentos requerem a presença da fé, pois ela é a morada de nossa

---

[103]. Haroldo Dutra Dias (trad.). *Novo testamento*. Brasília: FEB, 2013. [*Mateus* 25:25]

coragem. Nesse entendimento, a coragem não se opõe ao medo, pelo contrário, ela nasce no encontro com ele. Por isso, podemos afirmar que coragem é diferente de impulsividade, pois em decorrência desta agimos sem pensar, de tanto que queremos nos livrar do medo, e, na maior parte das vezes, nem percebemos sua presença. Ser reativo também não é ser corajoso, pelo contrário; podemos ser reativos para nos livrar de alguma pressão. E, por isso, a reatividade está mais próxima da impulsividade e mais distante da coragem. É interessante perceber que se algum de nós viveu muito tempo mergulhado na impulsividade e hoje vive de modo diferente, com mais reflexão, é possível que entendamos, equivocadamente, que somos fracos, pois estamos "mais lentos" para agir. Torna-se necessário olhar para esse movimento novo de um outro lugar. Pensar antes de agir abre mais espaço para decisões mais maduras. Refletir sobre as consequências de nossas ações é um cuidado que todos nós podemos nos esforçar para ter, pois, assim, até o medo ganha um bom lugar: o lugar da cautela. Em vez de nos paralisar, o medo pode entrar em seu lugar legítimo, que é menor que nossa vontade, de modo a não impedir nosso movimento de viver.

Todos temos recursos dos quais podemos lançar mão para cuidar de nosso medo. E mesmo quando eles não são visíveis para nós, podemos pedir amparo espiritual para encontrá-los. É preciso começar a observar e a aproveitar as oportunidades para usá-los que a vida nos dá. De outra forma, estaremos enterrando nossos talentos e, junto com eles, a possibilidade de agir e decidir sobre o rumo de nossas vidas com confiança.

Todos temos recursos dos quais podemos lançar mão para cuidar de nosso medo. É preciso começar a observar e a aproveitar as oportunidades para usá-los que a vida nos dá.

De outra forma, estaremos enterrando nossos talentos e, junto com eles, a possibilidade de agir e decidir sobre o rumo de nossas vidas com confiança.

O CÉU E O INFERNO EM NOSSAS ALMAS

"Nos fazemos os causadores da nossa felicidade, ou da nossa infelicidade futuras."
ALLAN KARDEC

O livro dos Espíritos. Allan Kardec. Brasília: FEB, 2018. [questão 964]

Allan Kardec nos esclarece quanto à distância que existe entre nosso entendimento teórico e nossas emoções quando afirma que: "a certeza da vida futura não exclui as apreensões quanto à passagem desta para a outra vida."[104] Por que saber que vamos continuar a viver após a morte de nosso corpo não é suficiente para nos isentar da preocupação sobre como e quando se dará esse processo? Por que será que nos sabermos imortais não nos torna capazes de viver como tal? E o que seria viver como imortais?

Além de nos afligirmos quanto a tudo isso, também guardamos muitas dúvidas sobre qual será nossa situação após a passagem para o mundo espiritual. Perguntas como "Para onde iremos?" nos fazem responder, sem reflexão, que aspiramos às colônias espirituais porque tememos habitar os umbrais. Seja como for, ainda é difícil abrirmos mão de uma visão dicotômica e, portanto, excludente, acerca da vida e da morte. Céu e inferno ainda são perspectivas topográficas que, muitas vezes, sem perceber, apenas trocamos suas denominações, porém guardamos o mesmo sentido de "paraíso" e "punição". Nosso conhecimento ainda é pequeno diante de tanto mistério e nossa imaturidade moral ainda não nos permite ver, de modo mais ampliado, em que consiste a vida após a morte e qual a sua finalidade.

Porém, mais importante do que saber exatamente o que nos acontecerá no futuro tão incerto é compreender a relação intrínseca que há entre a vida como encarnados e a vida como desencarnados. Cremos que essa é a tarefa primeira do livro *O céu e o inferno* que Kardec empreendeu. As notícias que os desencarnados oferecem sobre as

---

104. Allan Kardec. *O céu e o inferno*. Brasília: FEB, 2018. [segunda parte, cap. I, item I]

consequências das ações deles, não são para sossegar nossa curiosidade. A finalidade dos depoimentos dos desencarnados é esclarecer o entrelaçamento que há entre o nosso modo de viver no cotidiano terrestre e nossa situação no mundo espiritual. Nas palavras de Kardec: "nós não nos dirigimos nem aos curiosos, nem aos amadores de escândalos, mas tão somente aos que pretendem instruir-se."[105] Longe de estabelecer uma relação estritamente determinística entre cada ação e seu efeito, o Codificador elaborou perguntas com o intento de mostrar que nossa transformação moral precisa começar desde já, pois dela depende a intensidade e a duração de nosso sofrimento, seja aqui na Terra, seja no mundo espiritual. A relação solidária que há entre os dois mundos é tamanha que transcende qualquer lógica explicativa: "o mundo corporal e o mundo espiritual identificam-se em perpétuas relações, assistindo-se mutuamente."[106] É por isso que apesar de Kardec ter agrupado os Espíritos por fases de situação espiritual e ter sido o mais didático possível na explicitação sobre elas, jamais pretendeu abarcar todas as possibilidades humanas, como ele mesmo afirma:

[...] esses exemplos poderiam ser multiplicados infinitamente, porém, forçados a limitar-lhes o número, fizemos escolha dos que pudessem melhor esclarecer o mundo espiritual [...][107]

---

105. *Ibidem*. [segunda parte, cap. I, item 15, nota de Allan Kardec]
106. *Ibidem*. [primeira parte, cap. II, item 10]
107. *Ibidem*. [segunda parte, cap. I, item 15, nota de Allan Kardec]

Dentre os caminhos apontados pelos Espíritos entrevistados na segunda parte da obra, o arrependimento aparece como *"preliminar indispensável à reabilitação"*.[108] Esse primeiro movimento é como se fosse uma porta que se abre para que um coração endurecido ou alheio possa tomar consciência de seus atos. Nossa vaidade moral não nos permite admitir nossos erros, o que, certamente, nos impede de retificá-los. Não raro, antes do arrependimento vem a culpa que em nada nos auxilia, mas parece que vem na mesma medida do alheamento ou da dureza de nossas almas. Quando a culpa cede lugar ao arrependimento, podemos ver o outro lado das situações, pois nos aparece a coragem de olhar para os nossos passos e a possibilidade de identificar a nossa parte nos acontecimentos sem que nos sintamos tão somente vítimas ou algozes. Porém, os Espíritos nos informam que apenas o arrependimento ainda não é suficiente, porque a tomada de consciência, somente, ainda não nos reabilita diante de nós mesmos e dos outros: "Eis por que o Espírito é submetido a novas provações que o fortalecem".[109] Assim é que, por meio do livre-arbítrio, torna-se necessário que o Espírito resista aos arrastamentos das más paixões que lhe atrasam a jornada a fim de se erguer rumo à perfeição moral. E diferentemente do que se possa pensar, saber que os arrastamentos *não são irresistíveis*[110] não é o suficiente para dizermos não aos nossos habituais modos de ser. Aqui lembramos novamente de Kardec, quando ele afirma que o saber algo não determina nem garante as nossas ações. E por que o

---

108. *Ibidem*. [segunda parte, cap. V, item 7]
109. *Ibidem*. [segunda parte, cap. V, item 7]
110. Allan Kardec. *O livro dos Espíritos*. Brasília: FEB, 2018. [questão 645]

saber não garante nossas ações, embora ele seja o primeiro passo? Porque nossas ações não são regidas totalmente pela razão. Se assim fosse, não precisaríamos nem reencarnar, pois bastariam aulas explicativas sobre a moral de Cristo e estaríamos todos evoluídos. As nossas ações são dotadas de sentido e significado os quais são construídos ao longo do tempo, junto com os outros. E é somente junto com outros, na convivência cotidiana, que o aprendizado moral se dá, por meio de ajustes necessários e reabilitações correspondentes. Essa é a lei de sociedade:

> [...] os laços sociais são necessários ao progresso e os de família mais apertados tornam os primeiros. Quis Deus que, por essa forma, os homens aprendessem a amar-se como irmãos.[111]

Sendo assim, para que haja transformação moral, é preciso que nos cansemos de nossos modos viciantes de ser que nos arrastam; é preciso que desestabilizemos as crenças que sustentam nossas ações, é preciso desistir de modos tão eficientes de viver que nos acomodam e estacionam nosso progresso espiritual. Emmanuel se refere à necessidade desse cansaço quando nos diz:

> [...] o discípulo de Jesus, porém – aquele homem que já se *entediou* das substâncias deterioradas da experiência transitória –, pede a luz da sabedoria. [grifo nosso][112]

---

111. *Ibidem*. [questão 774]
112. Emmanuel [Espírito], Francisco C. Xavier [médium]. *Vinha de luz*. Brasília: FEB, 2015. [prefácio]

É interessante notar o termo que Emmanuel utiliza: "pede". Mas como é que nós pedimos a luz da sabedoria? E a que saber o autor está se referindo?

Por ora, podemos concluir que pedimos, prevalentemente, por meio do sofrimento, devido ao nosso estágio evolutivo. É inevitável que as dores nos transformem porque são elas que colocam no chão as nossas crenças, as maneiras viciosas de viver. São os sofrimentos que nos colocam nus diante de nós mesmos porque quando sofremos não há mais como remendar os modos anteriores de agir. E, não raro, ainda nos revoltamos. Quando isso acontece, ainda estamos longe de perceber o sentido da dor e do sofrimento, que são o burilamento necessário para desfazer tantas ilusões. Kardec é preciso quando afirma que:

> Os sofrimentos deste mundo independem, algumas vezes, de nós; muito mais vezes, contudo, são devidos à nossa vontade. Remonte cada um à origem deles e verá que a maior parte de tais sofrimentos são efeitos de causas que lhe teria sido possível evitar. Quantos males, quantas enfermidades não deve o homem aos seus excessos, à sua ambição, numa palavra: às suas paixões?[113]

Por isso, quando ainda estamos revoltados com os acontecimentos de nossas vidas, pouco podemos aproveitar do aprendizado que eles oferecem, e, portanto, mais tempo levamos para nos libertar do sofrimento inerente a eles. Dessa maneira, mantemos conosco o inferno e continuamos distantes, ainda, do céu da sabedoria divina. Conforme

---

113. Allan Kardec. *Op. cit.* [questão 257]

Kardec nos ensina, quando sucumbimos muitas vezes a uma provação, ela se renova:

> [...] *até que ele tenha forças para resistir.* Assim se confirma o fato de não haver proveito no sofrimento, sempre que deixamos de atingir o fim da encarnação, sendo preciso recomeçá-la até que saiamos vitoriosos da campanha.[114]

Diante dessas reflexões, não devemos nos sentir culpados, mas, sim, assumir que somos corresponsáveis por nosso destino. Saber que somos *corresponsáveis* nos oferece a liberdade de fazer diferente a cada vez. Mas para isso é preciso concordar com tudo o que nos acontece tal como acontece, e refletir com coragem: como é que nosso jeito de ser, de agir, contribui para o modo de conviver com os outros, de quem tanto reclamamos? E se nos deixamos arrastar, o que há nesse arrastamento que nos é tão familiar, habitual? O quão dispostos a renunciar aos modos habituais e adoecidos de ser estamos para apostar em um modo de ser mais aberto ao aprendizado, ao crescimento espiritual?

Voltando à frase de Emmanuel, que afirma que pedimos a luz da sabedoria: já falamos sobre o modo como pedimos, resta saber de que sabedoria carecemos. Creio que se trata do amor. Sabemos pouco do amor porque ainda estamos aprendendo a amar. É esse o céu para o qual nos dirigimos, quando desistimos de nos queixar, de nos revoltar, de esperar uma salvação externa sem nosso esforço. É o céu da esperança, da sabedoria divina que é capaz de acolher e atenuar nossa "multidão de pecados".

---

114. Idem. *O céu e o inferno.* [segunda parte, cap. V]

Acolhemos o céu em nosso coração quando acendemos a luz da fé, ao lembrarmos que tudo aqui na Terra é transitório e necessário. Essa perspectiva requer de nós, portanto, uma atenção constante em nos tomarmos como os Espíritos imortais que somos, e no fato de que estamos experienciando uma encarnação finita, única e singular. Viver como os imortais que somos pede vigilância, aproveitamento do tempo, valorização da vida, conexão com a alegria de viver e agradecimento por tudo que vem ao nosso encontro – essas ações são oportunidades únicas de crescimento espiritual.

Assim, segundo o espiritismo, cuidar da vida como desencarnados é algo que não deve se dar somente quando a vitalidade do corpo cessa. Ao viver como encarnados, já estamos cuidando, conscientes ou não, de nossa vida futura como desencarnados. Somos – e seremos sempre – os mesmos, antes e depois da morte, já que a tese espírita é a da individualidade da alma, na qual ela tem

> [...] a responsabilidade dos seus atos, mas para haver essa responsabilidade, preciso é que elas [as almas] sejam livres na escolha do bem e do mal [...][115]

Cabe, então, a cada um de nós, a todos os instantes, a reflexão sobre a finalidade de nossas ações. Elas atendem ao nosso progresso, ao nosso crescimento espiritual e ao dos outros, com os quais estamos compromissados a aprender a amar?

---

115. *Ibidem*. [primeira parte, cap. I, item 10]

Quem sabe assim, em breve, possamos compartilhar da convivência com os Espíritos felizes que assim se referem ao mundo espiritual:

Aqui se vive às claras, caminhando com desassombro, tendo ante os olhos horizontes tão belos que a gente se torna impaciente por abrangê-los.[116]

---

116. *Ibidem*. [segunda parte, cap. II]

CUIDAR DA VIDA COMO DESENCARNADOS É ALGO QUE NÃO DEVE SE DAR SOMENTE QUANDO A VITALIDADE DO CORPO CESSA. AO VIVER COMO ENCARNADOS, JÁ ESTAMOS CUIDANDO, CONSCIENTES OU NÃO, DE NOSSA VIDA FUTURA COMO DESENCARNADOS. SOMOS – E SEREMOS SEMPRE – OS MESMOS, ANTES E DEPOIS DA MORTE.

PERDÃO

"Reconciliai-vos o mais depressa possível com o vosso adversário, enquanto estais com ele a caminho, para que ele não vos entregue ao juiz, o juiz não vos entregue ao oficial de justiça e não sejais recolhidos em prisão."
JESUS

Novo testamento. Haroldo Dutra Dias (trad.). Brasília: FEB, 2013. [*Mateus 5:25*]

Nesse trecho do *Evangelho de Mateus*, há um conselho singular de nosso Mestre Jesus. Ele diz que temos de nos reconciliar com nossos adversários por nossa causa. E dá uma ênfase temporal a esse movimento necessário, ou seja, diz que isso tem que ocorrer em breve, pois não sabemos por quanto tempo teremos ainda a possibilidade de procurar nossos desafetos diretamente para resolver o que é preciso. Jesus também nos alerta que quanto mais demoramos a procurar a reconciliação, mais crônica nossa situação se torna. Seria semelhante ao que acontece quando nos machucamos. Se demoramos a colocar um medicamento na ferida, ela infecciona, causando mais dor ainda do que no início. A urgência na procura da cura para nossas feridas físicas deveria estar presente também na procura da cura de feridas da alma, já que elas apresentam o mesmo potencial de provocar mais sofrimento tanto para nós, quanto para os outros.

Antes de tudo, é curioso pensar sobre as razões pelas quais o nosso Mestre nos dirigiu tal conselho. Jesus aponta para a necessidade de nos reconciliarmos porque identifica em nossos corações a sempre presente possibilidade de nos sentirmos separados de nossos irmãos. É como se ele percebesse nossa tendência enorme em criar dissensões, de nos afastar de quem pensa de forma diferente da nossa, de nos ferirmos mutuamente apesar de nos amarmos, de nos sentirmos maiores ou menores do que nossos companheiros de jornada. Porém, essa concepção de que somos separados uns dos outros, como se o que está longe dos olhos, necessariamente, pudesse estar longe também do coração é apenas uma ilusão. Somos seres singulares, diferentes uns dos outros, mas não somos separados uns dos outros. A pele que nos separa não se estende às nossas almas. Somos todos filhos de Deus, irmãos eternos. E enquanto houver um irmão ferido, seja por nossas mãos ou não, nossas almas também se encontrarão diminuídas até que todos estejam de pé. Essa é a lei da igualdade, que também é a lei da fraternidade universal.

Por isso, no versículo anterior a esse, na epígrafe, Jesus afirma que se formos ao altar fazer uma oferta a Deus e se nesse momento nos lembrarmos de que há alguém que tenha algo contra nós, é imprescindível que procuremos esse alguém antes de estar com Deus. Encontrar com Deus é encontrar-se consigo mesmo, pois o reino de Deus está dentro de nós. O importante, aqui, é compreender que todo aquele que ainda não está bem com o outro também não está bem consigo mesmo e nem com o Criador. Significa dizer que a conexão conosco, com o Universo, passa necessariamente pelo outro, através do outro.

Em *O livro dos Espíritos*, na questão 886, Kardec pergunta: "Qual o verdadeiro sentido da palavra caridade como a entendia Jesus?".[117] Os Espíritos respondem: "Benevolência para com todos, indulgência para com as imperfeições dos outros, perdão das ofensas". Com essa resposta, podemos repensar nossa impossibilidade de perdoar. Repensar porque os Espíritos nos sugerem um caminho em três passos: o primeiro passo para a reconciliação pode ser entendido como um ato de caridade, pois existe a chance de perdoarmos pelo menos a ofensa de que o outro tenha sido portador. Se ainda não pudermos olhar para quem nos magoou, poderemos entender a ação como algo humano. O segundo passo da caridade seria o de levar em conta que todos nós somos imperfeitos e, portanto, diante da imperfeição dos outros, podemos ser indulgentes. E por que

---

117. Allan Kardec. *O livro dos Espíritos*. [questão 886]

precisamos buscar esse caminho? Porque de indulgência precisamos todos nós... É só uma questão de tempo! Todos nós somos passíveis de falhas porque ainda não somos maduros espiritualmente. Se podemos escorregar, por que não o outro? E se o outro pode falhar, por que não podemos nós? Se ainda não falhamos hoje, quem sabe se não falharemos amanhã? Não estaremos livres dessa possibilidade enquanto estivermos encarnados aqui, neste estágio evolutivo. E o terceiro passo, finalmente, que exige uma ampliação de nossa visão, é o da benevolência para com todas as pessoas, pela humanidade que nos constitui. Todos somos merecedores da compaixão uns dos outros. Isso se dá, simplesmente, porque todos precisamos uns dos outros para prosseguir. Ninguém vai muito longe no isolamento.

Os Espíritos esclarecem que com a palavra amar, Jesus não pretendeu que pudéssemos ter a mesma ternura com um inimigo como aquela dispensada a um amigo, pois ternura pressupõe confiança.[118] Para que a confiança seja tecida novamente, é necessário que as quatro mãos possam se dedicar à tarefa lentamente. O que Jesus orienta é que não nos obstemos à reconciliação, que possamos não guardar desejos de vingança e, sim, desejar o bem, sobretudo se pudermos oferecer socorro. Que desafio incrível este que o Mestre nos propõe. Mas essa sugestão de Jesus tem como finalidade a cura de nossas almas, e não fazer com que nos tornemos "anjos".

Sim, é verdade que há pessoas que nos ferem com intenção. Gostaria, aqui, de diferenciá-las em dois grupos: há pessoas muito absorvidas pelos acidentes de suas histórias pessoais e, onde quer que elas andem, machucam todos

---

118. Idem. *O Evangelho segundo o espiritismo*. Brasília: FEB, 2018. [cap. XII, item 3]

por onde passam. Então, podemos compreender que há irmãos que respiram uma atmosfera tão amarga, crítica, revoltada, que quem está por perto se machuca, inevitavelmente. Diante deles, podemos seguir a orientação dos Espíritos quanto à indulgência em relação às imperfeições dos outros, e quanto aos equívocos que poderiam também ser nossos. Quem sabe não existem pessoas feridas por nós e nem sabemos, e que andam sangrando por aí? Gostaríamos, certamente, que também elas pudessem relevar nossas falhas, pois estiveram respirando nossa atmosfera adoecida em um determinado momento.

Além disso, há um outro grupo de desafetos que podemos ter trazido de outras vidas, ou de um desencontro que se deu por um acontecimento grave nesta vida mesmo. Nesse caso, a intenção de ferir nasce por um encurtamento da visão sobre a vida. São situações que requerem de nós uma ampliação de perspectiva. E cabe lembrar que não somos essencialmente maus, pois caminhamos da ignorância para o conhecimento. Se nossos passos se detiveram em ações difíceis, geradoras de dor, certamente nosso horizonte de ação se restringiu a pouquíssimas possibilidades, ou talvez a uma única. Nas circunstâncias em que o portador do mal foi o outro, cabe a nós o lugar da compaixão. Compaixão pressupõe podermos ocupar, provisoriamente, o lugar do outro e perguntar… "E se fôssemos nós, naquela situação, naquele momento, com aquelas condições? Poderíamos afirmar com absoluta certeza que agiríamos de forma diferente e melhor?".

E, por último, se nenhum dos argumentos anteriores lhe convidou a uma revisão de sua perspectiva, gostaria de lembrá-lo que todas as nossas ações estão registradas em nossas almas. Cedo ou tarde, elas encontrarão um bom lugar porque é da lei que haja transformação. Se algum coração alheio nos feriu, agora é o momento de perdoar para que possamos prosseguir. Por isso é que Jesus nos aconselha a reconciliação enquanto podemos, para que possamos manter a leveza em nossos corações e sentir paz. As consequências das ações, lesivas ou não, sejam nossas ou dos outros, jamais se apagam, mas estão circunscritas aos cuidados de Deus.

Portanto, perdoar é libertar-se. Perdoar é renunciar ao lugar de juiz dos outros. Perdoar-se é também deixar de ser juiz de si mesmo. Perdoar é dizer sim para a vida, para o fluxo do viver. É para isso que fomos criados: para viver, e não para fazer justiça com as próprias mãos. Perdoar é ocupar o próprio lugar: de irmãos uns dos outros e de filho de Deus. Tudo o mais, deixemos a cargo do Universo.

PERDOAR É RENUNCIAR AO LUGAR DE JUIZ DOS OUTROS. PERDOAR-SE É TAMBÉM DEIXAR DE SER JUIZ DE SI MESMO. PERDOAR É DIZER SIM PARA A VIDA.

CUIDADO DE SI MESMO

"É imprescindível, cada discípulo, não perder o cuidado consigo próprio."
EMMANUEL

Caminho, verdade e vida. Emmanuel [Espírito], Francisco C. Xavier [médium]. Brasília: FEB, 2015. [cap. 148]

Muitas vezes, quando nos perguntam sobre o que gostamos, nossas respostas são muito inespecíficas e pouco pessoais. Por que não é tão claro, para nós, aquilo de que realmente gostamos e realmente precisamos para nos sentir bem? E se não sabemos do que gostamos, do que precisamos, nem do contrário, cuidar de nós mesmos se torna uma tarefa cansativa ou no mínimo ineficiente.

Para aprofundar essa reflexão, citaremos um trecho de Emmanuel, no qual o autor se refere à famosa frase de Jesus "vigiai e orai".[119] Essa frase recebe um termo anterior a esses dois, que só aparece no *Evangelho de Marcos*, da seguinte maneira: "Olhai, vigiai e orai".[120] A circunstância histórica dessa frase diz respeito aos momentos que antecedem a traição de Judas. Quando Jesus se dirige aos apóstolos, recomenda que olhem antes para que a vigilância se dê acertadamente, já que eles viviam um momento de perigo iminente. Emmanuel se apoia nessa afirmativa de Jesus para nos dizer que aquele que está como sentinela deve ter como ação inicial o discernimento, para ter clareza *do que deve vigiar*. A partir do olhar que esclarece, discerne e identifica, podemos então nos dirigir à vigilância e à posterior oração. Esses três movimentos – olhar, vigiar e orar – nos oferecem segurança para que não sejamos pegos de surpresa, vulneráveis, sem defesa. Devemos olhar para discernir, pois senão poderemos abraçar e cuidar do que não é importante. E não há como identificar o que gostamos

---

119. Emmanuel [Espírito], Francisco C. Xavier [médium]. *Vinha de luz*. Brasília: FEB, 2015. [cap. 87]
120. Haroldo Dutra Dias (trad.). *Novo testamento*. Brasília: FEB, 2013. [*Marcos* 13:33]

sem antes identificar o que nos falta. Desse modo, é preciso olhar para si mesmo para poder cuidar de si.

Assim, se não sabemos do que sentimos fome, aceitamos qualquer coisa para aliviar o desconforto do estômago vazio. Esse exemplo serve para qualquer fome, seja do corpo, seja da alma. Podemos, por exemplo, sentir fome de amor, e se não discernimos de que amor somos necessitados, agarramos o primeiro afeto que nos chega, requerendo dele o poder de saciedade que não lhe pertence. Se ainda sentimos falta de afeto materno e isso nos desespera, podemos esperar do parceiro amoroso um tipo de cuidado que não lhe é possível oferecer, pois amor materno é constituído de doação e não de reciprocidade como o amor de um casal requer. E como não reconhecemos em nós mesmos de que alimentos carecemos, resta-nos o sofrimento de esperar o que não podemos receber. Se não sabemos de que nutrição precisamos para avançar na vida, viveremos na emergência, tapando buraco, de relação em relação, de alívio em alívio.

Seguindo a orientação de Emmanuel, só é possível a vigilância e a atenção para conosco se nos olharmos, se prestarmos atenção em nós. Então, para cuidar de nós mesmos nessas situações, torna-se necessário olhar para as experiências que atravessamos até agora para descobrir as estratégias que desenvolvemos para sobreviver às faltas afetivas. Sim, todos tivemos faltas afetivas, pois que não somos completos e nem nossos familiares o são, e por mais maravilhosos que tenham sido, também não foram dotados de perfeição absoluta. Essas faltas afetivas, apesar de ainda as considerarmos fontes de dor emocional, são justamente e simultaneamente a nossa força para caminhar, para nos dirigirmos ao mundo em busca de nos sentir plenos.

Segundo *O livro dos Espíritos*, questão 716, o homem cria para si "necessidades que não são reais".[121] Isso significa que talvez estejamos lutando para suprir necessidades que não são úteis para nós, porque é possível que nos sintamos carenciados do que não é mais essencial ao nosso crescimento. Existem, então, necessidades antigas, faltas e sofrimentos anteriores que podemos ainda considerar como sendo atuais. É possível que ainda estejamos esperando que elas sejam supridas por alguém que nem pertence mais ao nosso universo de convivência. E podemos também estar cuidando de necessidades que são muito importantes para os outros, para os critérios alheios, mas não são indispensáveis para nós. Elas podem ser consideradas supérfluas por se distanciarem de nossa essência, embora não haja nenhum critério absoluto que diferencie aquelas que são essenciais daquelas que são supérfluas, como os Espíritos nos esclarecem.[122] O que nos impulsiona a querer cuidar do que não é nosso precisa de nossa atenção para que possamos descobrir o que ainda nos prende ali, e, assim, possamos nos redirecionar para nos ocupar do que contribui para o amadurecimento emocional. Emmanuel acentua a urgência de reexaminarmos nossas necessidades, porque junto de nós "há inteligências invisíveis que permutam impressões conosco em silêncio".[123] Seriam, então, realmente essenciais e nossas as necessidades a que estamos atendendo?

---

121. Allan Kardec. *O livro dos Espíritos*. Brasília: FEB, 2018. [questão 716]
122. *Ibidem*. [questão 717]
123. Emmanuel [Espírito], Francisco C. Xavier [médium]. *Op. cit.* [cap. 87]

Por essa razão, torna-se tão importante olhar. Olhar para ver se essas necessidades ainda se apresentam como tais, ou se já estamos no momento de requerer cuidar de outras necessidades que são mais adequadas para a nossa vida de agora. As necessidades precisam estar alinhadas ao nosso propósito de vida. Por exemplo, quando viajamos para um determinado lugar, nossa mala tem recursos para atender às necessidades específicas daquele lugar. Se formos para um lugar muito frio é necessário que haja casacos entre os pertences. Se formos para outro lugar, outras necessidades entrarão em questão e outro conteúdo deverá estar na mala.

É o momento, então, de cuidar de nós mesmos. Podermos cuidar de nós mesmos é libertador, porque somos os únicos que sabemos de nossa fome e discernimos o que exatamente pode nos nutrir. Podemos escolher a forma, o momento, a quantidade... Nada pode ser tão supridor de afeto quanto nossa atenção e cuidado para conosco. Nada dói mais do que não poder ser livres para sermos nós mesmos, com tudo o que essa postura requer. E é preciso tempo para que possamos identificar o que precisamos. É preciso, também, legitimar a nova maneira de nutrir. Será necessário fazer acordos com o nosso entorno, pois os outros estão acostumados com nosso modo anterior de conviver. E mesmo que não haja aceitação desse novo movimento externamente, podemos aguentar a contrariedade porque estamos sustentados na vigilância e na oração, que encontram ampla ressonância e apoio na espiritualidade maior, que aguarda pacientemente que assumamos nossa idade adulta moral.

É O MOMENTO DE CUIDAR DE NÓS MESMOS. PODERMOS CUIDAR DE NÓS MESMOS É LIBERTADOR, PORQUE SOMOS OS ÚNICOS QUE SABEMOS DE NOSSA FOME E DISCERNIMOS O QUE EXATAMENTE PODE NOS NUTRIR.

Nossos Animais

"O homem é um Deus para os animais."
ALLAN KARDEC

O livro dos Espíritos. Allan Kardec.
Brasília: FEB, 2018. [questão 603]

A convivência com animais domésticos é algo tão comum que conversar sobre esse tema parece ser de pouca importância. Porém, tudo aquilo que compõe nosso universo tem muita relevância, porque nos afeta, nos toca. E tanto a chegada quanto a partida de um animal traz transformações ao nosso cotidiano. E para nós ocidentais, que estamos engatinhando no exercício do desapego, a morte ainda é um capítulo difícil. Seja a morte dos outros, seja a nossa própria, seja a de um animal, a questão é sempre a mesma: o fim faz parte da vida e nunca acontece sob nosso controle. O incrível é que todos sabemos desse fato, mas ainda não vivemos conscientes dele. Parece que cuidar da vida somente pode acontecer se estivermos distraídos do fato de que ela termina, como se só pudéssemos nos entregar ao que tem caráter permanente. Mas a vida aqui na Terra oferece exatamente outro convite: o de viver na provisoriedade, de modo pleno e responsável. Esse é o aprendizado necessário: aprender a estar presente, a enxergar o que está diante de nós, agora. Quando conseguimos essa sintonia da presença, experimentamos estar em fluxo na vida e, desse modo, podemos nos nutrir daquilo que o Universo constantemente nos envia: amor divino que sentimos como força de vida!

Portanto, as experiências de partida de entes queridos que, no estágio no qual estamos, ainda nos são tão dolorosas, tornam-se oportunidade de aprender o que deveria ser o mais básico: somos todos passageiros!

E o que têm os animais em comum com o que estamos aqui conversando? É que quando estabelecemos uma relação com eles de muito contato, de muita conexão, de modo que nossa rotina de vida conta com a presença deles por meio do cuidado, passamos a viver o mesmo exercício: o desapego. Então, ao mesmo tempo que precisamos nos envolver com os nossos queridos animais para poder cuidar, eles, por sua vez, também estabelecem conosco uma maneira singular de conviver. E embora saibamos que os animais têm o instinto como guia, eles não são dotados apenas de ações instintivas. Também é possível ver neles, mesmo que ainda de modo rudimentar, movimentos inteligentes[124] que os distinguem uns dos outros, e que fazem com que estabeleçam conosco uma relação diferente daquela que eles estabelecem entre si. E é justamente porque essa diferença surge que podemos devotar a eles muita afeição.

Aparece, assim, uma função importante dos animais, para além de nos servir materialmente. A convivência com eles oferece a nós, homens, exercícios de renúncia, de cuidado, de compartilhamento, de alegria, de companhia, de ensino, de aceitação... A rotina que estabelecemos ao convivermos com um animal modifica completamente o nosso cotidiano. Temos que levar em consideração um outro, além de nós mesmos.

E assim como precisamos fazer tantas modificações no cotidiano para incluir um cachorro, um gato, um animal doméstico em nossas vidas, também precisamos fazer o mesmo quando eles retornam ao mundo espiritual. Uma nova rotina precisará acontecer, pois agora a presença dele vai se dar de um outro jeito, de uma maneira ainda não conhecida por nós. Outro aprendizado se inicia agora: aprender a presença por meio da lembrança.

E quando um animal some da visão dos nossos olhos do corpo, somos convidados a exercer os olhos da alma. E nesta transição, outras perdas que tivemos em nossas vidas

---

124. Ver: Allan Kardec, *O livro dos Espíritos*, questão 593.

reaparecem para que possamos visitá-las e dar um novo lugar para elas. Despedir-se de um animal que conviveu conosco, que esteve presente em nossas vidas por tanto tempo é também lidar com tantas outras despedidas. A chance de nos apegarmos é muito grande, e a perspectiva espírita nos mostra a importância de vivermos as perdas de modo não desesperado, pois a vida continua. Essa é a enorme diferença entre uma perspectiva materialista e uma perspectiva espiritual. Na primeira, a vida física é única e tudo se finda junto com ela. É uma visão da vida em que a esperança não tem lugar e na qual o amor se esgota no corpo físico. Nessa direção, a justiça precisa se conter em parâmetros muito estreitos, pois é preciso que tudo se resolva aqui e agora, o que se distancia em muito de qualquer possibilidade educativa, pois educar requer tempo de amadurecimento.

Se por outro lado nos dirigirmos a uma perspectiva espiritual, na qual há continuidade da vida, na qual a morte é somente um lugar necessário de passagem, de transformação, de exercício de desapego, podemos viver as perdas de modo diferente. As perdas podem ser vistas como a outra face do ganho, sem a qual o ganhar não teria sentido algum. E é porque a vida física termina que temos o enorme desejo de recomeçar. E podemos recomeçar em outra reencarnação, pois esta que vivemos agora tem fim. Viver como encarnados ganha sentido porque há sempre a possibilidade de deixarmos de viver aqui, entre os encarnados. Isso nos possibilita fazer escolhas, tomar decisões, nos responsabilizar por elas, desejar ser melhores a cada dia. Se fôssemos eternos fisicamente, ou seja, se a morte nunca chegasse, não precisaríamos tomar nenhuma decisão, pois a nós tudo seria possível, um dia. Como progrediríamos assim?

Por isso, viver é um eterno exercício de desapego. Pois a finalidade do viver transcende a vida física. O sentido de viver, como encarnados, é o crescimento espiritual, e para que o alcancemos é necessário um profundo envolvimento com a própria vida e a dos outros. Não é um paradoxo incrível, esse? Precisamos nos envolver com a vida física para nos desenvolver espiritualmente! Sim, é isso mesmo. Só se desenvolve quem se envolve. Mas isso só é possível se o envolvimento ocorrer sem apego. O apego é uma tentativa de reter o fluxo do desenvolvimento, o fluxo da vida e da transitoriedade que nos é própria. O envolvimento que antecede o desenvolvimento tem caráter de processo. Ou seja, é movimento, é fluxo, é continuidade. Viver, como Espíritos que somos, é viver um fluxo contínuo, ora encarnado, ora desencarnado. Concordar com nossa essência espiritual, que apresenta essa condição eterna de continuidade, é o nosso maior desafio ao vivermos aqui, como mortais.

Portanto, amigos, quando estivermos diante da passagem de um companheiro de estimação que tanto nos aproximou de nós mesmos, da natureza e da transitoriedade da vida, será o momento de agradecer. Agradecer pelo enorme aprendizado de amar de modo livre, sem querer reter o que tem caráter de fluir, sem querer reduzir nosso afeto à presença física deles e por nos abrir para que pudéssemos ampliar nossa capacidade de amar para além dos nossos olhos do corpo. A lembrança também é um modo de sentir a presença de quem tanto nos fez bem. Quem sabe se, mais cedo do que podemos imaginar, não iremos todos nos reencontrar?

QUANDO ESTIVERMOS DIANTE DA PASSAGEM DE UM COMPANHEIRO DE ESTIMAÇÃO, SERÁ O MOMENTO DE AGRADECER. AGRADECER PELO ENORME APRENDIZADO DE AMAR DE MODO LIVRE. A LEMBRANÇA TAMBÉM É UM MODO DE SENTIR A PRESENÇA DE QUEM TANTO NOS FEZ BEM.

SINTOMAS

"Todas as criaturas humanas adoecem, todavia, são raros aqueles que cogitam da cura real."
EMMANUEL

Fonte viva. Emmanuel [Espírito], Francisco C. Xavier [médium]. Brasília: FEB, 2015. [cap. 86]

Todos sabemos que somos espíritos encarnados que habitamos um corpo físico e que, segundo Allan Kardec, não temos apenas o corpo físico. Este é o que nossos olhos físicos podem ver. Somos constituídos de vários corpos sutis. Kardec escolheu o termo perispírito para nomear esse conjunto de corpos que nos envolve (o prefixo *peri*, em latim, quer dizer "ao redor"). A comunicação entre o corpo físico e o Espírito é intensa e constante; seu fluxo de energia atravessa o perispírito de tal modo que, este, por suas propriedades, é capaz de moldar-se a todas as necessidades requeridas por ambos. Sendo assim, tudo o que ocorre em nossa alma, que é vibração pura, se reverbera primeiramente no perispírito e, posteriormente, no corpo físico, que por sua vez também produz efeitos em sentido inverso, repercutindo por fim na alma.

Ao vivermos algo de intenso sofrimento e sentirmos esgotamento emocional, o perispírito amortece as intensidades energéticas, servindo de anteparo com várias camadas. Em cada uma delas (temos conhecimento de que são no mínimo sete), que são como filtros, são depositados resíduos energéticos. O caminho inverso também ocorre, ou seja, qualquer experiência corporal reverbera em nossa alma, atravessando as mesmas camadas sutis e imprimindo nelas as intensidades que estamos vivendo. E desencarnamos com toda a nossa história impressa em nosso perispírito, pois ele é o responsável por cuidar da continuidade dessa história. Ele é a memória escrita das diversas experiências que o Espírito tem para contar. Assim como nosso corpo físico conta a nossa jornada aqui na Terra, é o perispírito, quando estamos desencarnados, que mostra, evidencia, os caminhos que nossa alma percorreu. Portanto, na morte, nossa história de vida não termina. Apenas mudamos de dimensão, levando conosco nossos modos de ser e de agir. Enquanto desencarnados, nosso processo de amadurecimento emocional continua em um exercício constante de aprender a cuidar de nossas emoções.

O conhecimento dessa dinâmica energética nos ajuda a compreender porque há alguns adoecimentos que se prolongam tanto e outros não, e também nos dá a certeza de que para haver saúde é preciso cuidado com nossas almas. É preciso cuidar das intensidades emocionais, cuidar dos excessos corporais, cuidar das compensações afetivas que sobrecarregam os tecidos sutis do perispírito. Portanto, quando nosso corpo físico adoece, podemos ter certeza de que isso não aconteceu de imediato. O corpo biológico é como se fosse a última estação de nossas emoções. Quando a dor chega até ele quer dizer que nossa alma já vem sofrendo desde há muito! E a intensidade dessa dor é tanta que, embora o perispírito se esforce em segurá-la, ela se derrama sobre as células físicas como um rio chega ao mar.

Nessa perspectiva espiritual, o adoecimento físico apresenta outra configuração. A presença de um sintoma, então, não é um mero acaso genético, ou climático, ou biológico... Um sintoma traz significados múltiplos, e a presença dele em nosso corpo representa em primeiro lugar um pedido de olhar. É preciso voltar nosso olhar para o que está acontecendo conosco para que a saúde possa voltar. Nossos sintomas são mensageiros de que precisamos mergulhar em algo do qual estamos distraídos, afastados. De um certo modo, adoecer é como um pedido para voltar para casa, um chamado para nos reconectarmos conosco, um alinhamento Espírito–perispírito–corpo para que o fluxo de energia possa voltar a correr livremente, distribuindo saúde espiritual e física.

Conforme *O Evangelho segundo o espiritismo*, capítulo XXVII, item 10, no qual os Espíritos explicam a ação do pensamento para a eficácia da prece, há um entendimento importante sobre o fluido universal que clareará nossa reflexão. Vejamos:

> [...] [estamos] mergulhados no fluido universal, que ocupa o espaço, todos os seres, encarnados e desencarnados, tal qual nos achamos, neste mundo, dentro da atmosfera. Esse fluido recebe da vontade uma impulsão; ele é veículo do pensamento, como o ar o é do som, com a diferença de que as vibrações do ar são circunscritas, ao passo que as do fluido universal se estendem ao infinito. [...]
> A energia da corrente guarda proporção com a do pensamento e da vontade. É assim que os Espíritos ouvem a prece que lhes é dirigida, qualquer que seja o lugar onde se encontrem [...][125]

Ora, isso significa então que além das reverberações que ocorrem entre a alma e o nosso corpo também há uma comunicação simultânea com o fluido cósmico universal. Já que estamos mergulhados nele, recebemos dele os influxos amorosos de Deus, que revitalizam nosso complexo energético. E é por isso que passe e prece são recursos de alcances inimagináveis de cura, porque ambos oferecem condições para essa revitalização acontecer. Se, como os Espíritos nos dizem, a movimentação desse fluido se dá por meio do pensamento e da vontade, há um caminho venturoso em direção à nossa saúde! Podemos fazer muito por nós mesmos, embora não possamos tudo. Precisamos de mãos divinas nesse processo de cuidar de nossas almas, mas nossas mãos precisam ser ativas.

---

125. Allan Kardec. *O Evangelho segundo o espiritismo*. Brasília: FEB, 2018. [cap. xxvii, item 10]

E é somente nesse contato conosco que se torna possível uma conexão capaz de oferecer condições para que haja ajuda espiritual a nosso favor. Por isso, precisamos abraçar nossos sintomas e dizer para eles: "Bem-vindos! Qual é a mensagem que vocês têm para mim e que eu ainda não pude ouvir?"; "Qual é o limite que eu ainda não tive coragem de estabelecer?"; "Qual é o rompimento necessário que ainda não efetivei?"; "Qual é a mudança que preciso fazer agora mas estou deixando para depois?"; e "Qual é o cuidado comigo que ainda espero que alguém tenha, em meu lugar?".

Adoecer também pode ser a nossa maneira de receber afeto dos outros, o que de modo algum nutre nossas almas. Adoecer pode ser a nossa maneira de dizer não ao que a boca ainda não teve coragem de pronunciar. Adoecer pode ser um jeito de viver sem se arriscar, mas que também não nos permite experimentar a beleza que é a alegria de viver. Então, vemos aqui que recuperar a saúde é muito mais do que ir à farmácia comprar um analgésico e muito mais do que buscar um tratamento. É preciso um mergulho em nossas almas para observarmos nossos modos de ser e de conviver uns com os outros e iniciar transformações que nos tornem mais felizes, mais abertos, mais criativos.

Portanto, aqui vai um incentivo: Deus nos deu a vida para que pudéssemos vivê-la em sua máxima expansão a fim de progredirmos. O Criador nos dotou de livre-arbítrio, objetivando que pudéssemos escolher nossos próprios caminhos a fim de nos sentirmos vitoriosos diante de nós mesmos. Também nos ofereceu entes queridos para que pudéssemos nos alegrar na caminhada e não nos sentir sozinhos, e também nos oportunizou a convivência com Espíritos que nos convidam a visitar nossas sombras e transformá-las em pontos de luz. E o que mais podemos querer? As ferramentas estão ao nosso redor, esperando por nossas mãos para começar a grande obra que é a nossa reforma espiritual.

~·~

É PRECISO UM MERGULHO EM NOSSAS ALMAS PARA OBSERVARMOS NOSSOS MODOS DE SER E DE CONVIVER UNS COM OS OUTROS E INICIAR TRANSFORMAÇÕES QUE NOS TORNEM MAIS FELIZES, MAIS ABERTOS, MAIS CRIATIVOS.

SILÊNCIO

"Nossa mente sofre sede de paz como a terra seca tem necessidade de água fria."
EMMANUEL

Caminho, verdade e vida. Emmanuel [Espírito], Francisco C. Xavier [médium]. Brasília: FEB, 2015. [cap. 168]

Tenho descoberto como pode ser revelador e curativo silenciar a nossa mente. E é sobre esse potencial do silêncio, de que tão poucas vezes lançamos mão, que iremos refletir agora.

Não é novidade alguma que vivemos um barulho constante que vem das atribulações de nossas vidas cotidianas. Também estamos acostumados, ou melhor, estamos viciados no barulho interior que nos tumultua todas as emoções. Estamos tão habituados a viver preocupados, com muitos diálogos mentais internos, que há pouca possibilidade de percebermos isso como um estado de defesa da alma, e não o que genuinamente somos ou podemos ser.

Temos tanto medo de ser pegos de surpresa, tanto medo de escorregar e perder o afeto dos que amamos, tanto medo de ser naturais e não ter a aceitação de nossos pares, tanto medo de sofrer e não aguentar, que optamos por manter a nossa mente sempre alerta, estratégica, controlando, ajustando, prevendo e tomando conta da vida muito mais do que vivendo a vida. Pois é… Se esse caminho trouxesse apenas proteção, até que não seria tão ruim. Mas a questão é que viver se esforçando o tempo todo cansa a nossa alma. Porque resistir cansa.

Vamos a um exemplo. Quando estamos em um lugar muito frio e temos que resistir às baixas temperaturas, começamos a contrair os músculos, encolhemos nosso corpo, usamos muitos casacos, luvas, toucas, cachecol e ficamos completamente fechados. Se, por um lado, tudo isso nos protege, por outro, é exaustivo ficar cuidando de todas as frestas, ventos e chuvas. Quando o tempo esquenta e podemos sentir o calor do sol, ficamos surpresos com tanta dor muscular criada por meio de tanta contração. E que alívio poder relaxar o corpo, sentir-se livre, leve… Dá até vontade de rir e brincar… O mesmo acontece com nossas almas. Tanto encolhimento, tantos pensamentos preocupados e tanto medo provocam sisudez à alma, e também movimentos reativos.

E embora a espiritualidade superior venha ao nosso encontro e nos traga amparo, claridade, dificilmente temos condições de perceber isso ou mesmo de receber essas dádivas, pois estamos, segundo diz Emmanuel, como "cofres impermeáveis de trevas à plena claridade solar".[126] Pois é... Nesses momentos, somos almas cerradas à luz porque já não cremos que há luz. Isso é o que Jesus se refere como sendo falta de fé. É quando já nem acreditamos mais que há luz. Começamos a pensar que toda manifestação do bem é falsa. Olhamos desconfiados, e, o mais incrível, é que depositamos nossa certeza no oposto do que vemos. É que as desconfianças constantes criam cascas duras, camadas impermeáveis ao amor. Isso é que é ser cerrado à luz: é estarmos impedidos de sentir o fluxo do amor divino.

Será que há possibilidade de retomarmos o estado natural? Claro que sim! É aqui que entra o poder do silêncio. Silenciar para abrir espaço no congestionamento mental, mesmo que pequeno. E aos poucos, de tanto experimentar pausas, o que exigia muito esforço se torna prazeroso, até chegar a ponto de sentirmos falta de silenciar.

Contudo, é preciso aprender a silenciar. Fazer silêncio, na alma, é uma decisão. E é uma decisão pela saúde, é uma decisão pela conexão espiritual.

Nesses momentos de pausa, é necessário nos aquietarmos, fechar os olhos um minuto, respirar profundamente, experimentar não decidir nada, não julgar. Só nos observar,

---

126. Emmanuel [Espírito], Francisco C. Xavier [médium]. *Fonte viva*. Brasília: FEB, 2015. [cap.93]

observar o entorno. Recusar até a lista mental dos inúmeros compromissos e coisas a fazer.

Nesses momentos, ao inserirmos pausa e silêncio à mente, podemos acessar nosso altar íntimo, que é um lugar sagrado de nossas almas. Aí, nesse lugar, podemos ouvir os pedidos de nosso coração, podemos encontrar respostas às nossas questões, podemos suportar, inclusive, o que não tem explicação. É nesse altar que podemos nos encontrar com nosso Pai, pois é nele, no coração, que Deus reside. Então, poderemos dizer: "Senhor, estou aqui".

Podemos, nessa conexão, nos abastecer, nos asserenar e até sentir saciedade espiritual. Refeitos, podemos retomar os enfrentamentos da vida, mas a partir de um outro lugar. Certamente, não seremos reativos e nem muito menos passivos. Talvez, pacificamente, possamos ser cada vez mais ativos. Ao silenciar qualquer necessidade de defesa, podemos ouvir o convite de Emmanuel, que é o de conexão com nosso altar do coração, para então podermos prosseguir fortalecidos com o trabalho que nos cabe realizar.

SUGESTÃO DE EXERCÍCIO

Convido você a procurar um estado relaxado, onde quer que você esteja. Você pode ficar sentado mesmo. Procure deixar seus pés apoiados no chão; procure esticar um pouco a sua coluna e mantenha a cabeça alinhada com ela. Deixe os braços caírem sobre o colo.

Respire lentamente pelas narinas e solte o ar pela boca, devagarzinho, asserenando seus batimentos cardíacos... E vá recolhendo seus pensamentos, recolhendo seus sentimentos... Deixe que eles passem, sem se fixar em absolutamente nada. Esses diálogos mentais, agora, não são muito importantes. Permita que eles passem por você, como se estivesse assistindo a cenas de um filme às quais você não presta atenção. Você está em um instante de relaxamento da alma. Esse é um lugar de abastecimento, e você está apenas asserenando, aquietando os pensamentos, aprendendo a fazer silêncio.

Respire… Respire profundamente.

Não permita que nenhum pensamento se fixe. Simplesmente observe-os. Não é o momento de tomar nenhuma decisão, ou de dar explicações, mas apenas de observação. Respire. Lentamente, abra os olhos. Tente perceber se houve alguma mudança em seu estado de espírito após este exercício.

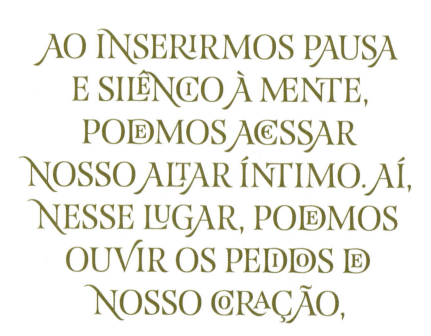

AO INSERIRMOS PAUSA E SILÊNCIO À MENTE, PODEMOS ACESSAR NOSSO ALTAR ÍNTIMO. AÍ, NESSE LUGAR, PODEMOS OUVIR OS PEDIDOS DE NOSSO CORAÇÃO,

PODEMOS ENCONTRAR RESPOSTAS ÀS NOSSAS QUESTÕES, PODEMOS SUPORTAR, INCLUSIVE, O QUE NÃO TEM EXPLICAÇÃO. É NESSE ALTAR QUE PODEMOS NOS ENCONTRAR COM NOSSO PAI, POIS É NELE, NO CORAÇÃO, QUE DEUS RESIDE. ENTÃO, PODEREMOS DIZER: "SENHOR, ESTOU AQUI".

NATAL

"Irmão, que ouves no Natal os ecos suaves do cântico milagroso dos anjos, recorda que o Mestre veio até nós para que nos amemos uns aos outros. Natal! Boa-Nova! Boa Vontade!..."
EMMANUEL

Fonte viva. Emmanuel [Espírito], Francisco C. Xavier [médium]. Brasília: FEB, 2015. [cap. 180]

Estamos começando o mês de dezembro, o mês do Natal. É uma época na qual ficamos agitados, e há muita correria para poder cumprir todos os compromissos natalinos no trabalho, com a família, com os amigos. Os trinta e um dias do mês de dezembro parecem pouco para abarcar tantas comemorações. Por vezes, a alegria do encontro com pessoas queridas fica encoberta pelas enormes tarefas a executar, principalmente se participamos de grupos grandes, nos quais a preocupação em tudo dar certo se torna quase que a finalidade do estar junto.

Além desse corre-corre físico também há pressa em nossas almas, uma urgência em querer resolver tudo o que ficou pendente durante o ano. É como se dia 31 de dezembro fosse a data limite para cumprir o que ainda não conseguimos até ali. Às vezes, essa data nos parece um alívio, porque fantasiamos que ela levará tudo de ruim do ano que passou. Essas duas ideias são crenças que cultivamos sem pensar mais profundamente, e se tornam, assim, quase que verdades de fato!

Pensando nesse tema, consultei o livro *Chico Xavier, à sombra do abacateiro*, que é um texto muito prazeroso de ler porque resume as falas que Chico pronunciava quando realizava os cultos de Evangelho aos sábados, à sombra de um abacateiro, lá em Uberaba, Minas Gerais. Quase me sinto ali quando leio esse livro, como se também eu estivesse sentada ali, a ouvir aquelas palavras de tamanha simplicidade e profundidade. O livro tem um capítulo que conta como era o dia de Natal de Chico Xavier. Isso me fez pensar muito, porque o corre-corre dele era sobre poder estar junto daqueles que não conseguiam se locomover, dos que estavam sozinhos, dos que não tinham o que comer. Fiquei pensando, minha nossa… Afinal, Natal é isso! Se estabelecemos que essa é a data de aniversário de nosso mestre Jesus, nada mais justo do que nesse dia nos dedicarmos àquilo ao qual Ele se dedicava também, intensamente. Essa seria a mais sincera homenagem a Jesus. E Chico tinha em si mesmo essa disponibilidade que não se restringia ao dia 25 de dezembro. Transcrevo aqui um trecho do livro para mostrar o clima de Natal com Chico:

> Finalmente, surge a última visita do roteiro. São quase 3h. É o lar de conhecida família espírita. Fomos visitar uma jovem que, paralítica desde muito, se movimenta numa cadeira de rodas. Ali nos demoramos um pouco mais. Servem biscoitos, bolachas e um delicioso chá de cravo. Conversamos bastante, o Chico responde algumas perguntas. Estamos cansados, é verdade, mas felizes. O Chico? Pronto para outra. As 3h30m nos levantamos, despedimos da família e trocamos cumprimentos com o Chico. Ele nos beija a cada um na face. É hora de repousarmos. Não longe, os galos cantam e a noite-madrugada é de muita paz. É sempre assim o Natal de Chico Xavier. Visita os "filhos do calvário"... Enquanto a cidade dorme, um carro desliza no asfalto, sob a luz das estrelas. É Chico Xavier, o fiel servo do Senhor, na luta pela vitória do Evangelho.[127]

O Natal de Chico segue a orientação de Emmanuel: é um momento de *boa vontade*, é um estado da alma em que abrimos, um pouco, nossas almas. Então, recebemos um convite nessa noite de Natal: relevar os assuntos afetivos com os quais ainda estamos ressentidos, endurecidos. E é relevando que podemos ver o outro lado das coisas. Natal é um momento de conciliação, de perdão, de entregar um

---

[127]. Carlos A. Baccelli. *Chico Xavier, à sombra do abacateiro*. São Paulo: IDEAL, 2018. [cap. 33]

pouco daquilo que não temos o poder de controlar nem de mudar.

Emmanuel nos aconselha: "estendamos a simpatia para com todos e comecemos a viver realmente com Jesus, sob os esplendores de um novo dia".[128] Assim, para que possamos nos desapegar um pouco desses ressentimentos, podemos calar nossa vontade de revidar, porque saber calar também é caridade. Conforme O Evangelho segundo o espiritismo é caridade moral na qual há grande mérito:

> [...] saber ser surdo quando uma palavra zombeteira se escapa de uma boca habituada a escarnecer, não ver o sorriso de desdém com que vos recebem pessoas que se supõem acima de vós... não dar atenção ao mau proceder de outrem é caridade moral.[129]

Além disso, devemos procurar abrir mão de estar certos, de alimentar contendas, além de favorecer um clima harmonioso onde quer que estejamos. Fazer um pouco já é o suficiente para iniciarmos o próximo passo, pois mesmo esse pouco pode fazer com que outras possibilidades surjam ao nos relacionarmos com assuntos difíceis. Que seja um ano de renovação, de mudança. Que possamos abraçar quem não abraçávamos há muito tempo; que tenhamos força de nos aproximar, nem que seja por escrito, daqueles de quem ainda estamos distantes afetivamente.

---

128. Emmanuel [Espírito], Francisco C. Xavier [médium]. *Fonte viva*. Brasília: FEB, 2015. [cap. 180]
129. Allan Kardec. *O Evangelho segundo o espiritismo*. Brasília: FEB, 2018. [cap. XIII, item 9]

Isso também vale para os desencarnados, pois não há como lhes dar um abraço físico ou entregar-lhes um bilhete escrito. Será preciso desenvolver outros modos de encontro com nossos queridos. É bom pensar que lá também pode ser dia de Natal. Nossos benfeitores espirituais contam que há festas fraternas, espirituais e certamente não há nozes, nem castanhas... Eles aproveitam para visitar suas famílias encarnadas, para ver como estão e levam um abraço, uma força. Por isso, fazer um momento de silêncio, de oração, de pausa, é a parte que nos cabe a fim de que possamos dirigir nossos pensamentos a esses entes queridos, confraternizar com quem está do lado de lá da margem do rio. Eles também nos aguardam, de braços abertos.

Natal é um momento de conciliação, de perdão, de entregar um pouco daquilo que não temos o poder de controlar nem de mudar. Para que possamos nos desapegar um pouco desses ressentimentos, podemos calar nossa vontade de revidar, porque saber calar também é caridade.

ANO NOVO

"Ano Novo é também a renovação de nossa oportunidade de aprender, trabalhar e servir. O tempo, como paternal amigo, como que se reencarna no corpo do calendário, descerrando-nos horizontes mais claros para a necessária ascensão."

EMMANUEL

Vida e caminho. [Espíritos diversos], Francisco C. Xavier [médium]. São Paulo: GEEM, 2017. [cap. "Carta de Ano Novo"]

A passagem de um ano para o seguinte é um momento muito especial, embora saibamos que se trata apenas de uma convenção do calendário. Como é importante aproveitar a chance de renovar, de mudar, de recomeçar! É uma oportunidade de fazer as coisas de um modo um pouco diferente do que fizemos durante o ano que passou. Uma certa esperança chega e o clima em nossas almas e em nosso entorno é aquele de que mudar é possível, e para melhor. Costumamos fazer uma retrospectiva e, muitas vezes, chegamos até a elaborar uma lista de intenções para o ano seguinte. E a lista nos aponta que podemos mais e melhor do que fomos e fizemos do tempo que passou.

Na verdade, por mais que possamos cumprir a lista, sempre teremos a impressão de que faltou alguma coisa, de que ainda falta nos dirigirmos a algo. E a vida humana é assim mesmo, pois se nada nos faltasse, se não sonhássemos ser pessoas melhores do que somos, ficaríamos estagnados em nosso processo evolutivo. Somos Espíritos livres destinados ao progresso e, portanto, sempre faltará dar o passo seguinte. Estamos nos dirigindo para o mundo de regeneração, e esse projeto já é semente em nossas almas. Somos, então, marcados pela sempre presente sensação de ser devedores de nós mesmos. Só que precisamos olhar para o que falta sem ficar perdidos na falta, pois senão perdemos a presença. Teremos dificuldade em nos nutrir daquilo que nós mesmos lutamos para conquistar. Por exemplo, se nos dedicamos a plantar uma árvore, precisamos ficar um tempo junto dela, não somente para cuidar mas também para nos nutrir do que ela pode nos oferecer. Se saímos a todo momento do lugar porque temos pressa de plantar, por ainda faltar plantar tantas outras árvores, não teremos força para prosseguir na tarefa, pois não nos alimentaremos do esforço que empreendemos. É verdade que temos medo de ficar paralisados, de não conseguir sair "de baixo da árvore"; temos medo de perder tempo e oportunidades. Mas é preciso equilíbrio entre a sensação do que falta realizar e o medo de ficar parado, senão poderemos perder a chance de realizar. E é justamente aí que se dará o nosso crescimento: no equilíbrio entre esses dois momentos. É preciso não nos deixar arrastar nem pela ansiedade nem pela paralisia para que possamos, presentes em nossas vidas, nos nutrir de nossas próprias conquistas. A perseverança precisa de tempo para poder ser construída, precisa de presença e atenção, com profundidade, para poder tecer nossa sustentação quando vierem os momentos de mau tempo. Então, nem pressa nem tampouco inércia.

A sugestão que fica é que o ser devedor que sabemos ser possa ser substituído pelo ser de possibilidades que somos. Todos os dias se abrem muitas possibilidades de ser e, portanto, muitas oportunidades de realizar projetos em nome de algo ou de si mesmo. São possíveis muitos caminhos, mas não todos. Somos finitos nessa reencarnação, e porque o tempo de viver aqui se esgota, precisamos escolher entre esse ou aquele caminho. Todos os caminhos não são possíveis de serem trilhados por nós. O exercício constante das decisões é o que nos torna responsáveis e, consequentemente, maduros. Então, junto de cada caminho que escolhemos vem também a tarefa de sermos o cuidador dos desdobramentos dele. Paulo de Tarso nos diz que "aquilo que o homem semear, isso também ceifará".[130] Não há nessa afirmativa um cunho punitivo, pelo contrário. É um alerta de que é preciso escolher, com atenção, o nosso destino, pois somos os herdeiros diretos dele. Então, quanto

---

130. João F. Almeida (trad.). *Bíblia sagrada*. São Paulo: SBB, 2008. [*Gálatas* 6:7]

mais próximos estivermos de nossa verdade, de nossos propósitos e, portanto, mais livres estivermos das expectativas dos outros, mais força teremos para cuidar daquilo que escolhemos. Como cuidar do que escolhemos em nome de alguém? Como prosseguir se esse outro se afasta de nós? Assim, para ter alegria em nossas realizações, é importante conferir se elas continuam na mesma sintonia de nossos propósitos de vida, daquilo que é mais verdadeiro para cada um de nós.

Ano novo é renovação, e Emmanuel nos convida a renovar nossas oportunidades de aprender. Dessa maneira, podemos refletir: queremos manter as mesmas escolhas do ano que passou e vamos adubá-las para se desenvolverem mais? Ou precisamos de força extra para nos dedicar a elas? Ou queremos, agora, outros caminhos e precisamos nos despedir do que vínhamos fazendo? Estamos dispostos a cuidar dos desdobramentos dos projetos novos que queremos iniciar? Cabe refletir que, embora nossos projetos partam de nossa vontade, de nossos sonhos, eles não acontecem sem a presença de muitos outros envolvidos, direta ou indiretamente, em nossas escolhas. Se for algo que traz o bem para nós e para os outros, podemos contar com o apoio total da espiritualidade superior.

É, pois, momento de meditar, orar, para nessa conexão obtermos maior clareza dos passos a serem dados. Desse modo, haurimos forças para sustentar nossas ações até o fim. Podemos orar para pedir condições de lidar com o que vier, podemos pedir ajuda para concordar com o que o Universo lançar para nós. O importante aqui é a nossa abertura, nossa disposição para entrar em sintonia com o fluxo da vida. Que possamos então escolher, em nome da verdade, em nome de nosso crescimento e do bem para nós e para os outros. Esse pedido sincero abre condições inimagináveis para o auxílio espiritual.

E para nos inspirar nessa proposta, caso algum desânimo se aproxime de nós, há um pensamento da filósofa Hannah Arendt que muito pode nos incentivar: "embora os homens devam morrer, não nascem para morrer, mas para começar".[131]

---

[131]. Hannah Arendt. *A condição humana*. Rio de Janeiro: Forense, 1999. [cap. V, item 34]

"EMBORA OS HOMENS DEVAM MORRER, NÃO NASCEM PARA MORRER, MAS PARA COMEÇAR."

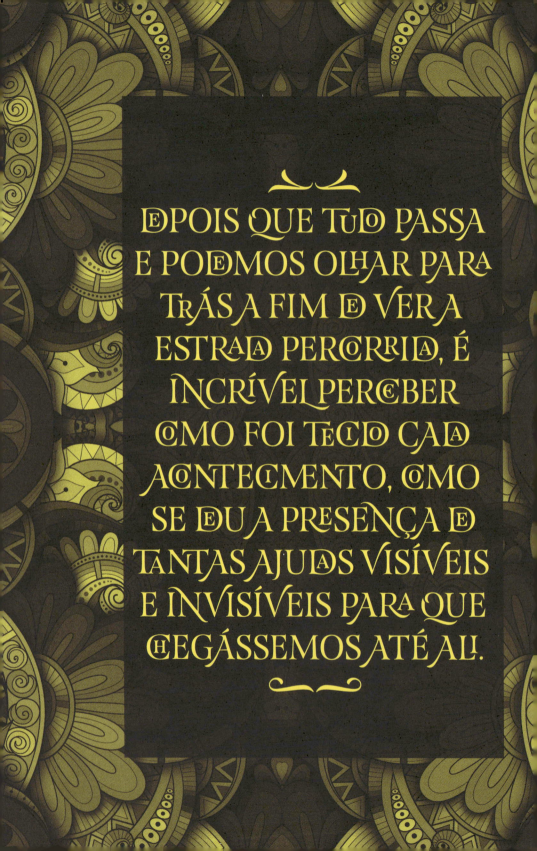

Depois que tudo passa e podemos olhar para trás a fim de ver a estrada percorrida, é incrível perceber como foi tecido cada acontecimento, como se deu a presença de tantas ajudas visíveis e invisíveis para que chegássemos até ali.

É CRISTALINA A VERDADE DE QUE JAMAIS ESTAMOS SÓS. PASSEI A VOCÊ AS PALAVRAS QUE RECEBI E DISSE PARA A MINHA ALMA. DA MINHA ALMA, COM MUITO AMOR, PALAVRAS PARA A SUA ALMA.

REFERÊNCIAS BIBLIOGRÁFICAS

ALMEIDA, João Ferreira de (trad.). *Bíblia sagrada*. São Paulo: SBB, 2008.

ARENDT, Hannah. *A condição humana*. Rio de Janeiro: Forense, 1999.

_____. *A vida do espírito*. Rio de Janeiro: Relume-Dumará, 2002.

BACCELLI, Carlos A. *Chico Xavier, à sombra do abacateiro*. São Paulo: IDEAL, 2004.

BERGÉ, P. *L'art de la preface*. Paris: Gallimard, 2008.

CASARJIAN, Robin. *O livro do perdão*. Rio de Janeiro: Rocco, 1997.

DENIS, Léon. *O problema do ser, do destino e da dor*. Brasília: FEB, 2013.

DIAS, Haroldo Dutra (trad.). *Novo testamento*. Brasília: FEB, 2013.

FRANCO, Divaldo [médium]; JOANNA DE ÂNGELIS [Espírito]. *Em busca da verdade*. Salvador: LEAL, 2014.
_____. *Plenitude*. Salvador: LEAL, 2002.
_____. *Psicologia da gratidão*. Salvador: LEAL, 2011.

FRANCO, Divaldo [médium]; MANOEL PHILOMENO DE MIRANDA [Espírito]. *Transição planetária*. Salvador: Leal, 2010.

KARDEC, Allan. *O céu e o inferno*. Brasília: FEB, 2018.

_____. *O Evangelho segundo o espiritismo*. Brasília: FEB, 2018.

_____. *O livro dos Espíritos*. Brasília: FEB, 2018.

_____. *O que é o espiritismo*. Brasília: FEB, 2018.

_____. *Obras póstumas*. Brasília: FEB, 2017.

XAVIER, Francisco C. [médium]; ANDRÉ LUIZ [Espírito]. *Apostilas da vida*. Araras: IDE, 2012.

XAVIER, Francisco C. [médium]; EMMANUEL [Espírito]. *Caminho, verdade e vida*. Brasília: FEB, 2015.

_____. *Ceifa de luz*. Brasília: FEB, 2015.

_____. *Encontro marcado*. Brasília: FEB, 2015.

_____. *Estude e viva*. Brasília: FEB, 2015.

_____. *Fonte viva*. Brasília: FEB, 2018.

_____. *Livro da esperança*. Uberaba: CEC, 2012.

_____. *Luz da esperança*. Uberaba: CEC, 2012.

_____. *Nós*. São Paulo: GEEM, 1986.

_____. *O consolador*. Brasília: FEB, 2018.

_____. *Pão nosso*. Brasília: FEB, 2018.

_____. *Pensamento e vida*. Brasília: FEB, 2015.

_____. *Vinha de luz*. Brasília: FEB, 2015.

XAVIER, Francisco C. [médium]; ANDRÉ LUIZ [Espírito]; BEZERRA DE MENEZES [Espírito]; EMMANUEL [Espírito]; MEIMEI [Espírito]. *Vida e caminho*. São Paulo: GEEM, 2017.

XAVIER, Francisco C. [médium]; [ESPÍRITOS DIVERSOS]. *Luz no lar*. Brasília: FEB, 2016.

XAVIER, Francisco C. [médium]; PIRES, José Herculano; [ESPÍRITOS DIVERSOS]. *Na era do Espírito*. São Paulo: GEEM, 2018.

XAVIER, Francisco C. [médium]; VIEIRA, Waldo [médium]; [ESPÍRITOS DIVERSOS]. *O espírito da verdade*. Brasília: FEB, 2018.

palavras para a ALMA

© 2019–2024 *by* INFINDA

DIRETOR GERAL
Ricardo Pinfildi

DIRETOR EDITORIAL
Ary Dourado

ASSISTENTE EDITORIAL
Thiago Barbosa

CONSELHO EDITORIAL
Ary Dourado, Ricardo Pinfildi, Rubens Silvestre, Thiago Barbosa

A AUTORA CEDE PARTE DA RENDA DESTA OBRA À
Instituição Espírita Tarefeiros do Bem
CNPJ 17 027 406/0001–60
Rua Mena Barreto, 110 Botafogo 22 271–100 Rio de Janeiro RJ
21 2148 9982/9987 www.tarefeirosdobem.org.br

DIREITOS DE EDIÇÃO
Editora Infinda (Instituto Candeia)
CNPJ 10 828 825/0001–52 IE 260 180 920 116
Rua Minas Gerais, 1520 (fundos) Vila Rodrigues
15 801–280 Catanduva SP
17 3524 9801 www.infinda.com

DADOS INTERNACIONAIS DE CATALOGAÇÃO NA PUBLICAÇÃO
(CIP Brasil)

C173P

CAMASMIE, Ana Tereza [*1964–].
Palavras para a alma / Ana Tereza Camasmie.
– Catanduva, SP: Infinda, 2024.

288 p. : il. ; 15,7×22,5×1,5 cm

ISBN 978 85 92968 03 8

1. Espiritismo. 2. Psicologia. 3. Comportamento.
4. Reflexões. 5. Evangelho.
I. Título.

CDD 133.9   CDU 133.7

ÍNDICES PARA CATÁLOGO SISTEMÁTICO
1. Espiritismo : Psicologia : Comportamento
: Reflexões : Evangelho
133.9

1ª ED. PREMIUM E ESPECIAL
janeiro de 2019 | 1ª tiragem | 5 mil exemplares
abril de 2019 | 2ª tiragem | 2,5 mil exemplares
junho de 2022 | 3ª tiragem | 1,5 mil exemplares
agosto de 2023 | 4ª tiragem | 2 mil exemplares
agosto de 2024 | 5ª tiragem | 2 mil exemplares

Impresso no Brasil   Printed in Brazil   Presita en Brazilo

COLOFÃO

TÍTULO	*Palavras para a alma*
AUTORIA	Ana Tereza Camasmie
EDIÇÃO	1ª premium e especial, 5ª tiragem
EDITORA	Infinda [Catanduva SP]
ISBN PREMIUM	978 85 92968 03 8
PÁGINAS	288
TAMANHO MIOLO	15,5 × 22,5 cm
TAMANHO CAPA	15,7 × 22,5 × 1,5 cm [orelhas de 9 cm]
CAPA	Ary Dourado
ORGANIZAÇÃO	Thaís Camasmie Chrispino
PREPARAÇÃO DE ORIGINAIS	Beatriz Rocha
REVISÃO	Beatriz Rocha, Cristina Lúcia da Silva
PROJETO GRÁFICO	Ary Dourado
DIAGRAMAÇÃO	Ary Dourado
FOTO CERÂMICA POLIDA	Suzana Feijó
TIPOGRAFIA CAPA	[Sudtipos] Esmeralda Pro [28; 60; 150] [Hannes von Doehren] Brandon Grotesque Medium [13,5; 18]/[15; 20]
TIPOGRAFIA TEXTO PRINCIPAL	[Adobe] Sabon Next LT Pro 12,5/15,2
TIPOGRAFIA CITAÇÃO	[Adobe] Sabon Next LT Pro 11,5/15,2
TIPOGRAFIA INTERTÍTULO	[Adobe] Sabon Next LT Pro Bold 12,5/15,2
TIPOGRAFIA TÍTULO	[Sudtipos] Esmeralda Pro [32; 50]/[32; 50]
TIPOGRAFIA EPÍGRAFE	[Hannes von Doehren] Brandon Grotesque Medium [12; 16]/[16; 18]
TIPOGRAFIA NOTA DE RODAPÉ	[Adobe] Sabon Next LT Pro Demi 11/13,5
TIPOGRAFIA FÓLIO	[Sudtipos] Esmeralda Pro 10/15,2

TIPOGRAFIA ORNAMENTOS	[Sudtipos] Esmeralda Pro
TIPOGRAFIA DADOS E COLOFÃO	[Adobe] Sabon Next LT Pro [9; 10]/[12,4; 14]
MANCHA	103,33 × 175 mm, 33 linhas [sem fólio]
MARGENS	17,2 : 25 : 34,4 : 25 mm [interna : superior : externa : inferior]
COMPOSIÇÃO	Adobe InDesign 19.5 [macOS 14.5]
PAPEL MIOLO	ofsete Sylvamo Chambril Book 75 g/m²
PAPEL CAPA	cartão Ningbo Fold C1S 250 g/m²
CORES MIOLO	2 × 2 : preto e amarelo escala
CORES CAPA PREMIUM	4 × 2 : CMYK × preto e amarelo escala
CORES CAPA ESPECIAL	4 × 0 : CMYK
TINTA MIOLO	Sun Chemical SunLit Diamond
TINTA CAPA	Sun Chemical SunLit Diamond
PRÉ-IMPRESSÃO	Kodak Trendsetter 800 Platesetter
PROVAS MIOLO	Epson SureColor P6000
PROVAS CAPA	Epson SureColor P6000
PRÉ-IMPRESSOR	Gráfica Santa Marta [São Bernardo do Campo, SP]
IMPRESSÃO	processo ofsete
IMPRESSÃO MIOLO	Komori Lithrone S40P Komori Lithrone LS40 Heidelberg Speedmaster SM 102-2
IMPRESSÃO CAPA	Komori Lithrone S29
ACABAMENTO MIOLO	cadernos de 32 pp., costurados e colados
ACABAMENTO CAPA PREMIUM	brochura com orelhas, laminação BOPP fosco, verniz UV brilho com reserva
IMPRESSOR	Gráfica Santa Marta [São Bernardo do Campo, SP]
TIRAGEM	2 mil exemplares [premium]
TIRAGEM ACUMULADA	13 mil exemplares [premium e especial]
PRODUÇÃO	agosto de 2024